阅

阅读成就思想……

Read to Achieve

A BRIEF HISTORY OF DEATH

无人返回之路

参悟生死

[美] W.M.斯佩尔曼（W.M.Spellman）◎著

李楠◎译　苑东明◎审译

中国人民大学出版社

·北 京·

前言

只有交税难以避免的说法并不完全正确，在任何时代都会有人依仗特权或通过欺瞒逃脱纳税义务。但一个人无论多么狡猾，无论有多少借口，都无法躲过死亡。全世界每天大约有 155 000 人，或者说每年有 5700 万人死亡。如果再强调一下，那就是几乎所有人都会同意，不管现代医学如何发达，人类还是百分之百难逃死亡的命运，然而却很少有人主动去思考这一有关人类宿命的问题。在当今西方发达国家，人类死亡和走向死亡的过程通常都会由医院、专业的照护机构或养老院去打理。确实，除了在殡仪馆的化妆间，我们想要在生活中做到与人的遗体零接触，并非不可能。在过去，濒临死亡的人会在家中获得慰藉，赶来道别的家人和朋友会环绕在他的周围，而今天这种告别多半只会发生在一个昂贵治疗过程的尾声，临终之人会被掌控着先进生命支持设备的专业人员密切注视着，他们的亲人通常会前来探访，但不会与他共处一室生活。并且不管是在空间上还是在文化上，丧葬活动（土葬或火葬）都会在社区的边缘地带进行。死亡在今天通常被视作一种把死者从生活中移除的独特事件，几近神秘，而且不受欢迎。

不过，每一代人都会被人类的死亡宿命这一主题所吸引，因为生命的终结会引发关于人类的起源、人的身份和生命更大目标的永恒疑问。当然，我们都会好奇自己在这个神秘的宇宙中到底处于什么位置，也会追寻生命的意义，会在更广阔的背景中尽力发挥自己作为有情众生的作用。现代物理科学也解开了部分谜团，但所获结果却让人不由心凉半截。死亡是每个人的宿命，人类在这个星球上已经生存了数百万年，但现在我们认识到，整个宇宙也是注定要灭亡的。就像脆弱的人类一样，行星、恒星和星系首先会化为尘埃，然后再灰飞烟灭、化为乌有。尽管 20 世纪人类在生物医学和技术方面取得了重大的进步，但放眼历史长河，每个人的自然寿命仍然只是弹指一挥间的事情，更不用说与漫长的史前时代相比了。接受这个让人无可奈何的事实，为我们提供了一个新的视角，如果我们足够幸运的话，还能由此摆脱迷茫，接受现实。当我们可以将自身从尘世的纷扰中解脱出来，于寂静中思考一下死亡时，有助于我们重新校准自己与生命的短暂约定。“在无尽的空间和时间之中，人又是什么呢？”17 世纪的哲学家、数学家布莱士·帕斯卡（Blaise Pascal，1623—1662 年）这样追问道。在近 400 年之后，我们依然在迫切地寻求着答案。

西方社会关于死亡这一主题的各种浅显的泛泛之谈，主要聚焦在死亡的定义上。死亡被定义为“神经活动和大脑功能的永久性丧失，以及生物过程不可逆转的终止”。它主要考虑两个互相独立但又紧密相关的现象。一是，这关系到个人如何理解和接受死亡不可避免的事实，他们之所以这样定义死亡，是为了在生命必然会失去这样的语境下，对其进行解读并赋予生命价值。在人的死亡中找寻意义，或反之，在其中追寻和发现无意义，这或许是对我们的归属感（sense of place）和人生境遇的最强有力的反思。对死亡的态度不仅决定了人们如何应对生活，还为个人的行为规范和更广泛的伦理体系提供了依据，并且为现有的和那些自然形成的社会和政治结构提供了存在的理由。二是，本书对死亡的生理和社会过程都做了思考：死亡的方式、对濒死之人应该如何治疗、在感觉到死亡的脚步临近后人们应如何自处，以及后人应该如何追忆逝者。这种追忆方式还包括我们如何定义死亡的社会背景。公元 2 世纪，罗马皇帝、斯多葛派哲学家马可·奥勒留（Marcus Aurelius，公元 121—180 年）曾提醒他的读者，记忆就像生活本身一样转瞬即逝。“所有事物都消失得太快了，”他评论道，“在宇宙中，这是物体本身的消失，而在时间中，这是人们对其记忆的消失。”但在某些情况下，我们也会世代缅怀一些人和事，有时甚至跨越几个世纪之久。

并且我们通过那些牢记在心的东西，来传达很多核心价值观，定义文化的价值序列，并启发我们思考生而为人的意义是什么。

不论什么年代、身处何处和拥有怎样的文化，世界各地的人们似乎都曾探索过死亡这一问题，并从三个基本观点出发来探讨一个可能存在的有限或者无限的来世，其中每一种观点在当代世界中都有相对应的思想。当然，也有少数人认为死亡是对生存的否定，是生命的终结，这一观点简单而直白。

一般来说，现代科学思维和神经科学分别从宏观和微观层面将我们引向这个方向——它们将意识解释为在大脑的特定区域或系统内进行的生化活动。一旦生物体死亡，任何形式的连续性都会缺乏可验证的经验证据——这一立场通常被不同的流派［诸如唯物主义派、兽性主义派、物理主义派、身心同亡论者（mortalist）或自然主义派］所接受。它们都认为无须再去探索其他的可能性了。从古希腊哲学家伊壁鸠鲁（Epicurus，公元前 341—前 270 年）到美国现代人文主义学者科利斯·拉蒙特（Corliss Lamont，1902—1995 年），他们都认为失去知觉和走向消亡是人类的共同命运，人类会因此而获得解放，从而把关注点转移到现世的乐趣和挑战上面，彻底终结拉蒙特所说的“由牧师和上帝带来的双重恐怖”。

不可知论则是第二种观点。尽管不可知论者认可探究是徒劳的，永远无法获得经验性证据，但他们也发现身心同亡论者的态度过于教条，对感官实际上不够完整，甚至被扭曲的可能性过于抗拒。不可知论者承认人类的理性顺序可能是建立在纯粹幻影这一基础上的，这一令人难忘的情景是柏拉图（公元前 427—前 347 年）在其著名的“洞穴”寓言中所描述的，洞穴中的囚徒会不知不觉地将墙上的阴影当作全部现实。对不可知论者来说，终极现实仍然是神秘难解的，它超越了人们的认知能力，人们尚且无法证明这种幻象是虚假的。对于大多数不可知论者而言，如果首先承认人类具有根深蒂固的追求幸福和保护自我的本能，其次承认可能存在一些遥远的超然物外的事物，即一些看不见的现实来满足这些需求的话，那就无法排除来世存在的可能性。

第三种观点也是最普遍的观点，包括神话、宗教和哲学所宣称的某种形式的连续性，以及对死亡的否定和超越。最显著的是，它们都包括了一个非物质性的灵魂永恒的旅程——古希腊人首先明确表述了这个观点，后来犹太人、基督徒又强调了肉身复活的可能性；南亚地区广为接受的是关于转世再生成为别人或者别的东西的原则；东亚、非洲和美洲土著人则认为逝去的列祖列宗依然在参与凡间的事务——人间和阴间是互通的。西方传统的观点通常相信个人永生，而南亚和东亚的观点则通常认为个体意识（知觉）会在死后消散，返回一个无处不在的、非人类的世界，与宇宙的创造力同在。不过，这些宗教和哲学图景的核心是一个更大的假定，即存在不可言喻的宇宙秩序以及人类坚定不移地渴望参与到更高级别的秩序中。圣保罗（St Paul，公元 5—67 年）在基督教体验中捕捉到了这种渴望，他宣称：“我们若靠基督，只在今生有指望，就算比众人更可怜。”

我们将会追溯每一种观点的历史渊源及其影响，并不断认识到，当我们致力于更宏大的事务时，就会超越时间，并对人类的文化、思想和实践都产生重大的影响，这要比平庸度日贡献大得多。现存的证据有力地表明了，人类自古以来就对死后可能会经历什么有着浓厚的兴趣，世界各地的古人们普遍相信，人在死后会形成某种形式的意识或者半意识。似乎在所有社会中，人们都认为死后会存在连续性，这反映了人类倾向于挑战其所处环境并希望事情能像其所显示的那样。几千年来，大多数人为了弥补其作为有机体显而易见的局限性，转而在坟墓之外用强大的神话和故事塑造了意识和身份，那个地方类似人类俗世的居所。尤其是在那些最伟大的宗教传统中，死亡只不过是生命的一个阶段，在这个太过冷酷的世界，它为正义服务。人在接受了世俗之旅的审判之后，就会受到奖励，或者与造物主重聚，甚至得到作为肉体凡胎时得不到的完美。另一方面，对在这个世间作恶的人来说，意味着来世会遭受天谴和没有尽头的惩罚。14 世纪，伟大的意大利诗人但丁或许向我们描述了一幅极为清晰的基督世界中的因果报应场景。就算再无其他深意，作者所描述的阴间至少清晰地表明了公平交易不只是在世俗秩序中受到关注。

最近，主流神学家和哲学家在这些问题上的态度似乎不那么确切了。虽然有组织的宗教继续为世界各地数十亿受众提供人生意义的基本框架，但其信仰和实践也难免受到广泛的社会和文化变革的困扰。在近几个世纪里，人们见证了世俗科学观点的兴起，让非实证研究的威力大打折扣，尤其是当其结果充斥着大量拟人化的参照物时。例如，为什么正式的宗教会赋予人类特权，将人类凌驾于其他动物之上，只预言后者会灭绝，并认为其不像人一样有感觉？随着人们物质生活的大幅改善——至少在西方发达国家是如此——这种不确定性被强化了，人类对于通过统治世界过上有意义的生活产生了更大的兴趣。现代治疗文化，尤其是雄心勃勃的精神病学和心理学的出现，在某些方面战胜了牧师神学，关于生物有机体死亡之后，其人格方面会发生什么情况的宗教解释不会再像几个世纪之前那样引发大众的关注了。在以基督教为主的群体中尤其如此，除了严格的宗教激进主义教会之外，其他大多教派会避开地狱和末日审判等尴尬话题。永生仍然是大众话题之一，但可以肯定的是，人们不再讨论关于天堂生活的那些关键元素了。人们更常引用莎士比亚笔下备受折磨的人物哈姆雷特的话来描述死亡，哈姆雷特将死亡称为“无人知晓之邦，自古无返者”。

甚至道德理论也已被从死后的审判惩罚中剔除了。一般来说,在西方后工业时代，世俗化的西方道德准则在功利主义和存在主义的语言中找到了共同表达，完全依赖于这一世俗的狭隘的利己主义准则。换句话说，一个人要遵循规定的行为准则以避免民事和刑事处罚，而不是使一个人的思想和行为符合永恒的指令。

在这个古老的世界里，连续性的概念首先出现，并在几个世纪中影响了人类的思想、话语和行为；在一个较新的历史阶段，人们的关注点已经从所有形式的来世上转移开了；来世这一话题既变化多端，又颇富启发性。在本书的第 1 章，我们将会介绍考古学家和古人类学家的工作，他们试图通过解释复杂的丧葬习俗和尸身残骸，来探求早期的人类对于死亡的看法。这一章还探索了一些原始的宗教冲动，包括在传统非洲社会中鬼魂居住的万灵世界和祖先崇拜，以及美索不达米亚和埃及等早期文明中明确阐述并形成原始化宗教习俗。

在第 2 章中，我们将把关注点转向发端于古希腊，并在罗马帝国统治时期得到进一步发展完善的伟大的哲学和理性主义传统，西方思维的根基由此开始形成。我们将重点追踪并描述自然主义和唯物主义的出现及其对人类命运的描述，还有关于人的身体和灵魂的二元论观点——人在死亡之际，其灵魂将获得解放，最终得以体验纯粹的思想王国。在公元 1 世纪，基督教认可此观点，并进行修订，从中世纪直到文艺复兴早期，灵魂不朽的观念都未被撼动。第 2 章还追溯了 17 世纪科学革命的影响、18 世纪启蒙运动的理性主义以及 19 世纪势头强劲的经验主义、实证主义和针对人的身体所开展的生理学研究。17 世纪晚期，前沿的实验科学家们渴望在其作品中证明上帝的权力和荣耀，但他们的集体劳动成果却在无形中挑战了《圣经》及其教义中所描述的上帝对这个世界的直接作用。罗伯特·博伊尔（Robert Boyle，1627—1691 年）是其所在那个时代最杰出的实验科学家之一，他亲眼见证了“反宗教的倾向正在猛增，尤其是在那些渴望被人们视为智者或哲学家的人当中”。对此，他表达了自己的担忧，而且在这个方面，他不乏共鸣者。

在 18 世纪，自然哲学的成就提升了人类的信心，他们认为无论是自然环境还是人类在大自然中的位置，都是可以被理解和提升的，这一切无须引证那些超验叙事。在每个研究领域都可能运用人类理性来推动进步，这让启蒙运动者觉得传统宗教就是人类追求自由和幸福发展的主要障碍。到 19 世纪中晚期，马克思主义唯物主义、进化生物学和行为心理学的出现，重新点燃了人们对古代原子论的兴趣，削弱了那些把《圣经》中有关上帝造人的叙述奉为圭臬的人所享有的垄断性阐释权。对灵魂不朽、外部强加的普遍真理、理性在人类文化中的至高无上，以及死后的生活等问题的解说，忽然间都变得更不确定了。

接下来，我们会将注意力转向出现在所谓的“轴心时代”（大致为公元前 600—前 200 年）的那些主要宗教传统上。这些伟大的宗教将生物体的死亡看作仅仅是生命中的一个阶段，按照形而上学的说法，这只是出现在更重要的身后世界之前的一个间歇的或往复出现的状态。循此路径，这些伟大的宗教致力于肯定一个不以现世人类为标准的、对目的和意义进行分类的方法。每种宗教都提出了一个人类思维可以理解的天界秩序，并呼吁道德亟须改革，要追求正义，要按照超验原则行事——这是每一个追寻它的凡人都可以获得的。

第 3 章简要探讨了那些仍在继续塑造着现代宗教文化的关于死亡和濒死的传统观点：儒家从强调"天命"的人本主义观点出发，提倡孝道和敬老；犹太教主张部落契约和服从，以换取集体的特别恩惠；印度教认为在获得解脱和开悟之前，人在其多个化身中的每个阶段都要负起责任——这些主要的传统信仰将来世坚定地置于世俗目的论或目的的轨道之内，使其信徒能够理解其中的道理，并且再次强化了一个极度保守的社会秩序。

另外，第 3 章还审视了后罗马时代西方社会的发展历史。天主教会继承了皇权的衣钵，到了 16 世纪末期，基督教群体在新教宗教改革期间四分五裂，这使得宗教上对死亡和濒死的解释变得更加复杂，同时又受到新兴自然科学的挑战。与之前的时代一样，这一时期流行的致命疾病具有明显的随机性，面对疾病和身体痛苦，濒死之人往往孤立无助，这是亘古以来每一个文明中的男男女女们都要面对的简单而残酷的命运。对死亡的恐惧以及死亡过程的痛苦（由于当代西方安宁疗护的进步，病人的痛苦程度有所下降），与死亡本身一样常被人提及。让我们吃惊的是，在中世纪和现代社会早期，婴儿、儿童和城市死亡率非常之高，只有足够幸运的人才能活到老年，这在当时是一个很普遍的现象。每一个社会和经济阶层的人都要依靠对死亡及其后世的既定宗教解释，倚仗围绕这一体验的丰富多彩的象征和仪式，来鼓足勇气面对死亡的专横和无常。

在第 4 章中，我们思考了过去几个世纪里人类的死亡方式、死亡原因的主要变化，以及人们对导致人类同伴死亡的蓄意谋杀行为在态度上的转变。在农业定居社会开始之前，外部暴力、动物和人都可以让很多人类成员在痛苦中失去生命。事实上，在史前社会的大部分时间里，冲突似乎是一种常态，在没有任何中立仲裁者的情况下，最终的结果通常是你死我活。然而，一旦人类开始聚居在一起工作和生活（在农村、乡镇和城市），传染性疾病就成了庞大而又神秘的杀手。现代文明生活中的种种福利性设施在狩猎采集社会都不存在，但是这一福利却代价不菲：一些看不见的微小敌人通常会周期性地带着致命的目的出现。

然而，过早死于他人之手这一情形并没有随着文明的发展而有所改善，这一由来已久的残忍模式仍持续存在着。直到最近，人们才对杀婴和遗弃婴儿任其死亡的做法有了不同的看法或是感到悔恨。谋杀起初只是精英分子专享，后来逐渐演变为普通人的遭遇。随着新技术的部署及应用，国家实施的杀戮或者说战争变得更具破坏性；新技术先是被用来对付那些掌握了武装的反对派，然后被越来越频繁地用来应对手无寸铁的平民。20 世纪随着医学在对抗传染病中开始赢得重大胜利，越来越多的西方人过上了不健康的生活方式，这转而成了新的主要死亡原因。以消费为导向，以市场为经济基础的文明生活，很长时间以来受到发展中国家的艳羡，但其对生命和身体构成了无声的威胁。

自然科学的结论以及工业化民主国家为改善当今人类生活条件所做的实际努力，使人们在关于死亡的讨论中越来越广泛地接受了这样一种观点，即我们的思考必须基于我们所在的这个星球，人类最终要彼此忠诚。这也将是第 5 章讨论的重点。两次世界大战的可怕经历，以及新技术的广泛应用，导致战士和平民的死亡人数规模空前，使得启蒙运动所假设的人类进步的必然性化为泡影。制度性宗教在欧洲日趋式微，与此同时，人类在加倍努力延长寿命，将长寿和消费文化等同于高品质的生活。第二次世界大战后，死亡首先成为一个医学现象，其次才是宗教事件。确实，当制度规定人要死在医院和疗养院时，就会形成排斥死亡的文化，使得谈论死亡这一人类宿命更加困难。崇尚年轻的文化使得用化妆品来对抗衰老成为一个巨大并且费用高昂的服务行业；一旦战斗失败，死者还要由一个产值达数十亿美元的殡葬业来“处理”其遗体。

也许最令人不安的是，医学干预措施和药理学在延长人类寿命方面取得了前所未有的成功之后不久，事关人临终前生命质量，以及基本人格的本质问题，成了极具争议的话题。讽刺的是，考虑到可以对濒死者无限期地进行人工通气、人工水合作用和人工喂养，这些受到普世欢迎的科学和技术进步，使得生物体死亡的时间问题变得更为复杂。医学伦理学家、哲学家、神学家和律师对如何定义死亡争执不休：是按生命体在功能上是否能自给自足来界定，还是说如果一个人仍然具有活的有机体的许多功能——尽管需要由人工维护——那他也必须是享有完整人格的道德主体才算公平？人的身份是在某个特定时刻戛然而止，还是说生与死之间的区别真的只是渐进性的，只是一个虚弱程度的问题呢？在一个人自己选择了死亡时，可被允许赴死，还是说自杀是一个基本禁忌，构成了刑事犯罪呢？

与此同时，在西方工业化社会之外，主要宗教体系的影响相对更强，加上这些地区发展相对滞后，以及可能有着更深厚的家族忠诚和对传统的尊重，人们更普遍地认为生物体死亡仅仅是生命中的一个阶段，而非一个不可挽回的终结。但这仍然可以被描述为一个程度问题，因为在西方国家仍有许多人曾一度想通过拥有世俗物品来作为获得幸福的标志，但最后总是在失望中结束了这种幻想。他们不仅承认消费文化有局限性，而且还承认死亡体验的根本性神秘，暗中渴望对更内在的、更实质性的东西。这种非理性的感觉或情绪认为，死亡不是我们人生意义寻求之旅的终结，在“死后的未知世界”里存在着另一种类型的现实，不论宗教信仰为何，也不论强烈影响大众思想的物质和医学条件如何，世界各地的严肃思想家都在思考这个问题。19 世纪末，心理学研究的出现，通灵者所做的具有争议的工作，近期对祈祷的力量所进行的学术研究以及对濒死之际“灵魂出窍”的研究，都显示出了人们对唯物主义死亡观的抗拒。

因此，对死亡的关注就成了我们生活中一个永恒的焦点——有时是处于我们关注的最前沿，有时又处于我们关注的盲区——即使我们承认，我们将永远无法得到明确的、可以由经验证实的答案。自古以来，没有人能从哈姆雷特所谓的“无人知晓之邦”返回，但出于同样的原因，我们仍然会继续追问关于人类死亡命运的问题，其原因就在于我们难以放下有关正义以及善良的本质的问题，并且希望能定义美，以及真理的基础。这些追问塑造了我们的自我意识、我们对环境的回应以及对彼此的态度。它帮助我们定义了何为人性，指导我们建立个人的和正式的关系，使我们有别于其他物种。无论死亡是释迦牟尼所说的更伟大生活的序曲，还是哲学家伯特兰·罗素（Bertrand Russell）提出的彻底的“非存在”，无论它是为来世真正的生活所做的预备，还是每个人仅有一次的人生的终结，死亡自始至终的个人化性质总是有可能号召每个人都达到一个更大的目的上，让人甚至在庸常的生活中也能发现重要的意义，在纷扰和悲伤中也能真正地活着。

目录

在人类的发展进程中，自然环境的恶劣、瘟疫肆虐、战争频发等天灾人祸导致了历史上几次大的人口骤减，而如今，尽管随着医学水平的提高和科学技术的不断进步，人类消灭了许多导致人类人口衰减的自然灾害隐私，却被自己一手造成的环境恶化、迅猛发展的工业和无法满足的消费主义所胁迫，成为一种对人类健康和长寿的新威胁。

自古以来，没有人能从哈姆雷特所谓的“无人知晓之邦”返回，但我们仍然出于同样的原因，继续追问着关于人类死亡命运的问题。我们大多数人都热情向往美好的生活，并努力想要长久地享有；但我们却讨厌谈论善终或公开表示自己对生命凋零的悲哀，始终拒绝承认死亡在任何意义上会有好的一面。

人类是独特的，因其拥有自我意识；他们认识到死亡是必然宿命，但是又希冀存在着超越死亡的可能性。不论是从个人层面还是从群体福祉来说，就算我们的生命会结束这一事实本身，也会让我们觉得这一短暂的生命旅程更富有意义。

A BRIEF HISTORY OF DEATH

第1章 回到人类最初的形态

祖先们是如何认识和理解死亡的

以考古学关于史前人类的观点来看，现代的人类物种（即晚期智人），相对地球而言是较晚的外来客。我们居住的这个小星球已经围绕太阳并沿着特定轨道转动了大约 54 亿年，而我们人类所属的这个生物大家庭中的人科（早期原始人），其进化历史大约只有 700 万年，而直到 20 万年前智人才出现。当认识到人类在地球上存在的时间跨度只有千百万年时，你就会感觉到人类在地球上的探险之旅是何其短暂。用一位人类学家的话来说就是，这不过是"地球一眨眼的工夫"。虽然到目前为止，人类的活动和创新历史仍很短暂，但是却对自然环境产生了前所未有的影响。正是这种影响——尽管它证实了人类将自己归为"智人"或"明智"的物种是多么错误和大言不惭——有助于明确定义人类这个物种。人类会学习，能进行抽象思考，可以用语言传播文化；人类会加工和打磨复合工具，制造武器，以增加供给，防御敌人的进攻；人类还学会了使用火种和用火加工食物、取暖和照明；还可以在小群体内协调行动，会有意识地埋葬逝者——所有这些都象征着智人正在开始支配其生存的环境。

人类每一项特有的技能和后天行为的形成都经历了好几千年，一些变化在几个世纪中都难以察觉，更别说在人短短的一生当中了。事实上，99.5% 的人类经验都涉及严酷的采集狩猎生活，为了找到食物和庇护，大约由 40 到 60 个人组成的小型采集狩猎团体会不停地搜寻和游荡。这种四处辗转的生活本身就是一个不小的壮举，因为在相当短的时间内，人类的足迹就踏入了几乎每一个大陆和生态系统；这种触发我们人类迁移的因素也许永远超出了我们的重建能力。据一位学者估计，在公元前 40 000 到前 10 000 年之间，"人类狩猎的足迹遍及地球上除南极洲之外的所有主要陆地"。在复杂而紧张的现代社会中，有一个不断出现的观点认为，单纯的采集狩猎者一定生活在更加平衡的环境中，过得无忧无虑：由于生活所需不多，因此有充足的休闲时间，没有我们所谓的竞争和消费主义心态。没有比这更荒谬的论调了。

尽管他们与自然的关系肯定比我们更被动，但在这一漫长的发展阶段里，饥饿、痛苦、肢体冲突和物质匮乏始终是生活的常态，人类仅可勉强维持生计。

和绝大多数动物一样，人类也面临着疾病、畸形、营养不良、自然灾害和事故，或者会突然死伤于猛兽的尖牙利齿之下。事实上，早期人类几乎意识不到生物意义上的崩解和个人死亡的必然性，由于事故或暴力冲突导致的死亡事件十分普遍。在各种不同的采集狩猎者文化中，难免会有部落之间的冲突和个人的敌对行为。例如，在 1788 年第一批欧洲殖民者到来之前，澳大利亚土著居民大约有 30 万人左右，但考古学家们却很肯定，在这个大陆上暴力死亡事件已经延续了数千年。一位学者说："在原住民的岩画上，有大量对全副武装的打斗场面的描述，至少可以追溯到公元前 1 万年前。"在居住于巴西和委内瑞拉交界处森林里的亚诺玛莫人（Yanomamo）中，有 30% 的成年男性都是死于暴力冲突。现代人类学研究表明，非洲南部的游牧民族昆申人（Kung San）——以前也被称为布须曼人——面临另一种突如其来的暴力死亡形式。对昆申人来说，在某个区域的食物资源匮乏之后，他们必须携带所有的财产转移，这就对子女养育模式产生了直接影响。一个女人在财产之外可以随身携带一个孩子，但无法携带两个，因此第二次怀孕会推迟到第一个孩子会走路以后。如果一个婴儿出生时是畸形的，母亲就有义务将其闷死，这种行为与现代定居社会所理解的杀婴无关。在这种情况下，虽然结束另一个人的生命令人遗憾，但是对社会利益来说却是必要的，这是维持健全人类福祉的必然要求。再举个例子，在大多数狩猎社会中，人们广泛认为，溺杀女婴的行为也属于整体生存策略之一，因为父母很自然地倾向于摆脱那些不太擅长狩猎和战斗的、无法支持群体持续生存发展的人。

我们现代人的这种奢侈待遇（或者负担），即认识到死亡是不可避免的，并且在身体衰老之中慢慢等待死亡的到来，对我们最早的祖先来说都是难以实现的。在当今的发达国家中，大多数临终之人都会对肉身腐朽之前最后阶段的命运给予不同程度的关注。他们会订立遗嘱，并在预先医疗指示文件上签名，井井有条地处理自己的财产，完成尚存的社会义务——所有这些行为都表明他们对自己的行将就木有充分的认识。人类最早的祖先们离世时，从来没有过任何这样正式的谢幕形式。著名的冰人奥兹（Ötzi）是登山者于 1991 年在意大利和奥地利接壤的替洛尔阿尔卑斯山发现的木乃伊。大约 5000 年前，他中了一支装有燧石的箭，引起了大出血，死前是独自一人。在他的手上、头部和胸部还有其他伤口，显然在这之前发生了一次偶然的暴力对抗，最后是燧石箭头的锋刃将他的性命终结在冰天雪地之中。关于公民社会之前的生活，17 世纪的英国哲学家托马斯·霍布斯（Thomas Hobbes）有一个非常著名的说法，他将这种生活描述为“孤独、贫穷、肮脏、野蛮和短命的”。霍布斯所处的相对舒适的社会和经济环境，想必会让他观察古代社会的角度有些居高临下，如果把这点骄矜的水分挤出来，并且把“孤独”从这组描述语中去掉，那么他或许就说出了人类在几千年来的大部分时间内的真实生活体验。不幸的是，我们人类总是很善于自相残杀。

史前时代

我们最早的祖先是如何理解死亡的，这一点现在已毫无细节可考，因为考古记录充其量提供的只是实物遗存，和一小部分相对握有特权的精英人士可能抱持的信仰。在人类进化的某一个节点上，也许从很早开始，一个人与他人建立联盟以相互保护的动机就演变为一个更深层的社会行为，与他人建立情感纽带的需要体现在一系列的人类活动中。我们意识里开始渴望得到我们所看重的那些人的重视，这一点逐渐成为推动人类繁荣的至关重要的因素。一旦这种情感联系的纽带确立之后，人类所独有的后续步骤就是，继续争取实现超越现世的时空舞台之外的联系，进入到一个我们称之为宗教想象或是由超验意义建构的王国。在这样一个充满未知的世界里，生命每天都面临着各种各样的天灾和威胁，个人想要控制环境的冲动，导致他需要在直系亲属和邻近社区之外也获得尊重。而与神圣的联系，无论是不是一种非物质的生命和力量，都迎合了这一需求。

当然，并非只有人类才能意识到死亡的必然性。在受到威胁时，动物都会摆出各种防御姿势，这表明它们也有一个基本意识：不友好的力量可以在很短的时间内让自己毙命。尚未独立的黑猩猩在母亲死后会变得无精打采，而非洲象在遇到自己同伴的尸体时会停下来，用鼻子去触摸面前的尸体。尼安德特人（homo neanderthalensis）是与智人同期出现的人种，但是在大约 30 000 年前却神秘消失了。有迹象表明，至少在某些情况下，他们会郑重地埋葬族群里的逝者遗体，坟墓的建造和尸身在坟墓中安放的位置，陪葬的人工制品以及墓穴周围石头的摆放都很独特。我们和尼安德特人的区别之处似乎就是，我们拥有更为复杂的认知和语言能力，这使我们能够预测、反思以及赋予死亡某种形式的更高的含义。在旧石器文化时代（约公元前 90 000 年到公元前 10 000 年），死亡很少能被预料到，但是某种形式的丧葬仪式却并不罕见，这意味如历史学家 J. M. 罗伯茨（J. M. Roberts）所说的认识已初露端倪。罗伯茨曾说："生命是一种幻觉，是最伟大和最持久的神话之一，现实其实是在别处，不为人见，事情也并不是它们看起来的那样。"

考古学家告诉我们，这种将亲人庄严安葬的行为，是在公元前 13 万年之后才出现的，它并不一定能为我们提供关于早期信仰的可靠证据。在莫斯科西北 120 英里[①]处的松希尔（Sunghir）和捷克共和国的下维斯特尼采（Dolni Vestonice）两地，都发

① 1 英里≈1.609 34 千米。——译者注

现了一些壮观的墓地遗址。这些墓地大约可追溯到公元前 28 000 年前。在这里发掘出的人类遗骸，都被巧妙地放置着并装饰珠子、别针、贝壳、吊坠、匕首和其他物品。在这两处墓地遗址中，尸身都进行过小心处理并放置了陪葬品，这意味着必须要为来世做准备，至于这是否进一步反映了对来世性质的更深层的理解，目前尚不得而知。大多数考古学家的确又马上警告人们说，切忌从考古对象身上去推断太多的想法，特别是当这些对象数量不多，并且对于更广阔的文化也不具有代表性时，就更要注意了。

然而，即便牢记这些重要的告诫，人类学研究依然能丰富和深化我们对那些曾经生活在史前时代的数十亿人类成员的认识。例如，最近在非洲进行的针对采集狩猎生活的调查表明，在某些情况下，丧葬仪式与社会风俗有关，与逝者往生的来世依附的特定信仰关系反而不大。在 20 世纪 90 年代，一项针对坦桑尼亚北部的哈扎人（Hadza）所做的研究发现，哈扎人认为死亡是一件理所当然的事情，所以埋葬仪式也很简单。某人死亡后他们也不会进行哀悼，因为这对生者的生活没有任何超自然的影响。人类的灵魂似乎会随着其身体的灭亡而烟消云散。人们在对北美一些采集狩猎部落进行研究后发现，这些部落的人也把死亡看作生活中很正常的一部分，因此在面对死亡时并不感到恐惧。但即使我们最早的祖先也证实，逝者仍与生者和神祇存在沟通交流，就像赞比亚北部的约姆比人（Yombe）一样；我们无法得知这种对现世生活的延续，是否被认为在本质上优于存在无数痛苦、恐惧并让人屡屡遭遇失败的现世生活本身。

我们能说的就是，不管相信连续性的信念始自何时，它都显示了人类的心智在不断成长，能够围绕一个非感官现实（a non-sensory reality）、一个脱离肉体的状态（a discarnate state），以及一个超越死亡表象的生活，来构思出拟人化的寓言故事。这也证明了当有人即将穿越死亡之门时，在其身后依然有生者对其投以深切的关注。西班牙学者米格尔·德·乌纳穆诺（Miguel de Unamuno）在80年前曾这样巧妙地评论道："石头在用来建造房屋之前，是用来建造坟墓的。"根据一些坟墓中陪葬的人工制品（包括食物、衣服和其他个人物品）的摆放位置，考古学家和人类学家认识到，这些人认为死后的世界与生前的世界相类似。在西欧（最著名的是法国西南部的拉斯）发现的很多旧石器时代的洞穴壁画表明，当时的人在一定程度上认为，死亡是另一种形式的存在，在阴间的冒险或探索之旅中，死亡过程实际仍旧持续着，世间的生者和那些仍然怀念亡故亲属的人仍可以对阴间的人们施以援手。这种帮助可能会以艺术品的形式体现，这些艺术品的设计初衷就是要影响、操纵魔法或宗教力量。

现代人类学家从一些洞穴壁画上戴着动物面具的人物形象推断出，那些萨满精英（shaman elite）可能充当了人类与灵性世界之间的媒介，他们是介于俗世的生者和更强大的神秘力量之间的一种存在。事实上，有些学者认为所有宗教都是源于对逝者命运的关注，有很多教派都致力于为逝者提供服务。至少，洞穴艺术显示出，早期人类已经具备非凡的能力，能够进行抽象，并超越这个现实世界采取行动。是不是绝大多数逝者及其消失的遗体都曾享受过这一萌芽的智慧力量的超度，我们不得而知。但很显然，与定居文明不同，在社会和经济没有出现明显分层的小部落中，人们整体上依旧秉持着平等主义的死亡观。随着这些采集狩猎部落离开逝者葬身的故园，为寻找食物不断走向新的谋生之地，逝者就会被留在身后，最终陷入孤寂中，唯有大自然的天籁之音陪伴着终将隐没不闻的他们。

农业社会中的死亡

最后一个冰河时代大约在公元前13 000年到前10 000年之间结束，人类的生活方式出现了第一次伟大的历史性转变。气候变化使得狩猎采集者不那么容易猎到之前喜欢的大猎物了，植物驯化和畜牧业由此开始出现。人类大脑的创造力和概念化能力使得农业革命成为可能，它使得大自然能够在同一个地方、在很长一段时间里持续地产出更多。这种农业似乎首先是在小亚细亚和中东某些地区发展起来的，这些地方被称为“新月沃地（Fertile Crescent）”，然后又向世界各地传播或者后续在全球其他地区自发出现。新石器时代开启了一种定居的乡村生活方式，并逐渐出现了私人财产、劳动分工和永久居所的概念，人们还发明了储存和烹煮农产品所用的陶器，以及开垦土壤使用的更耐用、更先进的工具，使这一时代最终达到其完备形态。

从采集狩猎者到农耕者的历史转换经历了数百年时间（是一个过程而非一个事件），这涉及对资源和共享劳动进行管理等新的重要工作。之前的狩猎需要一种高度个性化的技能，而现在则要求进行广泛的规划和合作，因此人们开始对社会关系有了新的理解。砍树、清理石头、种植、耕作、收获等，都属于劳动密集型的集体活动。社会结构由此发生了新的变化，出现了食物生产者、专门的手工艺者、工具制造者以及对广大民众施加控制的政治和宗教领袖。到了公元前2000年中期，土地所有制和农业实践发生了变革，“大田制度（field systems）”和地界开始出现，在住户和家庭层面推出了与地方绑定的身份认同概念。这使人口数量的急剧增长成为可能，并且发展出更为复杂的社会关系和组织。据一位历史学家估计，在进入农业社会之前的数千年中，世界总人口数量大约是在500万到800万。到了公元前4000年，世界人口数量已经增长到6000万到7000万，其多数都生活在农业社会：游牧民族的自由与平等观念已经被取代（也可能是被强制退出），由此得到的回报则是生活得更安全，更有保障。

以村落为基础的农民最初以氏族或家族为单位，这些人认为他们拥有共同的祖先；或者生活在由许多氏族组成的部落中，很快部落就发展成世界文明史上一个最重要的文化形态，在人类进入现代社会之前，全球 80%~90% 的人口都生活在部落中。在部落形成以后，世界各地的定居群体才开始发展出宗教思想，其中包括对祖先和大自然力量的崇拜和敬畏。他们也开始建立宗教纪念碑，并且正式承认一位核心的宗教专家作为本群体与神圣力量之间的官方中间人。最后，他们开始在住处附近埋葬亲人，并且在生活中能够深深地体会到逝者的存在，这可能与他们坚信逝者仍然在参与群体事务有关。

现在已知最早转向定居社会的是纳图夫人（Natufians）。大约在公元前 15 000 到前 11 500 年前，他们生活在现在的以色列、约旦和叙利亚一带。他们收割和储存野生小麦和大麦，用石头镰刀收割谷物。在已经发掘的墓葬群里，大约有 10% 的墓葬里都发现了装饰用的贝壳和挂件，这标志着统治阶层的出现。他们的尸身用项链、手镯和贝壳头饰做了装饰。在纳图夫人中也开始出现一种习俗，这种习俗后来成为新石器时代墓葬的典型特征：在逝者下葬之前，人们会把他的头骨从身体上取下，糊上石膏，然后安置在其后代的家中。从公元前 11 000 年到前 9300 年左右开始，这一习俗（和地方化的祖先崇拜）在耶利哥（Jericho）再次出现：人们给逝者的头骨糊上石膏做的新面孔，眼睛用海里的贝壳替代，然后安置在其后代家中，与后代一起共享同一个生活空间。

定居生活使得某些植物和动物得以大量种植、繁殖，而另一些却消失了，从而导致村落和本地的生物多样性降低。除了新出现的与农业相关的日常工作之外，人们还需要时刻保持警惕以保护珍贵的牲畜和粮食，以免受到人类天敌的侵害，因为越是在粮食短缺和饥荒时期，它们就越会频繁发起闪电般的攻击。公元前 3000 年左右，犁的发明使牲畜代替了人力，这大大提升了欧洲和中东地区的生产力。但是，定居生活也有其弊端：因为人类开始与饲养的动物比邻而居，所以传染病和寄生虫病的发作也就加剧了。麻疹、疟疾、白喉、结核病和痢疾都成为人类生命的主要威胁。营养不良是农民面临的另一个杀手，不多的盈余和不宽裕的饮食还常常会被贵族阶层或入侵者征用。饥荒也会导致人的死亡，这通常是自然天气灾害带来的后果，其中包括干旱和洪水，使得本来就相对狭窄的可食用食物来源受到了不利影响。把所有这些可能导致死亡的新变量汇总起来，人们就开始能预测到死亡的降临，并对他们在生物上的死亡有所准备。死亡不再被看作生命在另一个世界中的延续，而是被当成了当下一个重大的个人和社会事件。濒死之人可以在某种程度上为自己的死亡预做安排，并将其看作一个更大的自然周期的一个片段，这个世界中的物质文明，人们既难以预料到，也未曾体验过。

当村庄中出现的剩余农产品使得大型城市中心的出现成为可能时，社会体系开始分化，更大的不平等和剥削也开始出现，统治阶层把自己从体力劳动中摆脱出来，专注于民事、军事和宗教问题——后者倾向于关注神力与从播种到收获的循环之间的关系。人口集中地区聚集的人口越来越多，致命性疾病和死亡的发生率随之大幅升高，更不用说定居人类在其外部天敌面前表现出来的脆弱和不堪一击。墓地越来越受重视，因为城市生活使得人终其一生都与逝者距离很近。例如，在公元前3500年到前2000年期间，英国南部建造了200多座狭长的坟茔，埋葬了大约1500到3000具遗骸。如上所说，生者与逝者在物理空间上的邻近，会让人产生一种深切的感觉，即自己的祖先仍然以某种方式与生者存在着关联，并关注着整个社会的命运。

这些早期城市点中更为复杂的一个是位于土耳其中部的恰塔霍裕克（Catalhoyuk），它是在20世纪50年代末由考古学家首先发现的。这个非凡的城市面积达30英亩[①]之多，居住着6000到8000名居民，在公元前7400年到前6000年

① 1英亩≈4046.856平方米。——译者注

之间最为繁荣。那里的居民种植小麦、大麦、扁豆和豌豆，同时也是牧民。泥砖房子在建筑结构上是独立的，但是又都簇居在一起。生活区和储存空间的特色是，只能通过梯子从屋顶进入。我们特别感兴趣的是，大多数住宅都有双重作用，既可以为生者提供一个庇护所，又为逝者打造了一个长眠之地。逝者的尸身用苇席包裹住，埋葬在主要生活空间中的火塘和床下面：这强烈地传递出某种形式的信念，即他们认为在生者与逝者之间仍然存在着某种形式的联结。考古学家在挖掘一座房屋遗址时，曾经发现了多达 62 具遗体。

正如前面在耶利哥的例子中提到的，逝者的安息之所与生者的住处近在咫尺，或许是与季节种植和收割这种劳动密集型生活有关，这样一来，生者可以方便祈求逝者的协助或保佑。反正自农业革命出现以来，一直到 19 世纪晚期，逝者和生者近距离同处于一个生活空间之内似乎是一个很普遍的现象。在恰塔霍裕克，同样遗留下来的还有与正式的宗教信仰有关的一些小型雕像，然而尚未发现寺庙或其他供集体敬拜建筑的迹象。逝者与生者比邻而居，意味着生者很可能要在保证逝者来世之旅的品质方面发挥重要作用。我们还不知道是什么样的活动和仪式与这种为死者未知之旅提供协助有关联，但与死者最后道别是个例外，我们知道这可是一件影响久远的大事情。

并不是每一个古老的乡村社会都认为有必要让逝者与生者在物理空间上接近。在腐烂的尸体边上生活可能会有潜在的健康风险，这一初步认识可能会提醒人们应当采取别的丧葬形式。例如，在前罗马时代的丹麦（公元前 500 年左右）的一个地区，曾经发掘出 160 个定居点和 300 个墓地，强有力地证明这里曾出现与现代文明更为相近的文化模式。在日德兰半岛（Jutland）南部的居民住在木头长屋中，与饲养的动物住在不同区域，完全隔离开来。逝者的遗体会被火化，骨灰被安置在瓮中，埋葬在距离定居点 300 米到 900 米远的墓地内。在三分之一的墓葬中，骨灰被埋在早期墓葬中或者与之毗邻，而这些早期墓葬都可以追溯到公元前 1700 年到前 1200 年之间。这些坟墓的墓葬品很少。然而在英国，考古学家还发现了另外一种模式：在靠近哈德纳姆（Haddenham）的剑桥郡，农民会先将逝者下葬，然后定期检视这些墓葬，把死者较大的遗骨重新埋葬在公共坟墓中。这些尸骨在被重新下葬到公共藏骸所之前，要先从尸身上取下来，暴露于食腐动物之前，让它们吃掉那些腐肉。这样的丧葬习俗对执行者来说到底意味着什么，对死后的个人或集体身份的概念又意味着什么，现在仍是未解之谜。

考古学家蒂莫西·泰勒（Timothy Taylor）提出了一个可能的答案——他提醒我们，无论人类何时第一次意识到人是由物质和精神元素构成的，他们都相信在人死后，这种生机或灵魂依然存在，并且还会努力强化自己在人世的特权，至少在骨头和血肉尚未分离的时候是这样的。只要尸身是完整的，那么这个脱离了肉身的灵魂就会被生者视为危险的，因此就想通过暴露或燃烧尸身加快其分解。对尸体进行适当的处理，再加上相应的仪式，就可以把他们的灵魂镇住，直到尸身化为森森白骨，灵魂最终回到祖先们所在的阴曹地府中。因此，古代的埋葬习俗除了向逝者表示尊重以外,同样也是在保护生者。以恰当的程序处理尸体会使恶灵的能量发生偏移，避免从看不见的地方招惹伤害。在哈德纳姆，当骸骨埋葬后，又会将它们重新安置在公共墓地，死亡体验的高潮——灵魂的离开——就完成了。

新石器时代的人们为了逝者的利益，会发挥自己最高的建筑才能来建造墓地。为了让逝去的家人和部落成员之间继续保持联系，遗体会被埋葬在生者劳作的耕地附近的公共墓地。这些墓室或者石堆纪念碑是用石头、草皮、木材和泥土建造出来的，构成了不列颠群岛一个很重要的景观，可以追溯到公元前 4000 年前。从新石器时代早期（公元前4000年到前3200年）开始，这种坟墓在爱尔兰就较为集中地出现了，其次是在威尔士和苏格兰东南部。爱尔兰的坟墓形式多种多样，有的是上面有顶石的简单的三角形石板墓，也有包含多个墓室的规模庞大的通道墓，后者在如今米思郡的都柏林北部和博因河沿岸比较集中，相当引人注目。在这一个相当紧凑的区域内，即便仍然是乡村，还是会出现高度组织化的社会：其领导者能够组织起庞大的劳动力建造像纽格莱奇墓（Newgrange）这样的巨石通道墓穴，根据碳素测定年代法推测，纽格莱奇墓可以追溯到大约公元前3200年左右。

在新石器时代，西欧许多地方都建造了通道墓，但是纽格莱奇墓无疑是其中最让人印象深刻的墓葬之一。纽格莱奇墓以及附近的道斯墓（Dowth）和诺斯墓（Knowth），其特点都是有一条狭窄的通道通向一个中央墓室，上面覆盖着圆土丘或石堆。在中央墓室里面陈列着雕塑家们奉命打造的几何造型的抽象人物雕塑，这些雕塑很可能具有象征意义或者宗教法事目的，用于改善亡人的住处。人们认为祖先在保证农作物丰收和保护部落群体免受敌邻入侵方面，起着重要的作用。令人印象深刻的是，考古学家雅克塔·霍克斯（Jacquetta Hawkes）把纽格莱奇墓的建造和宏伟的中世纪大教堂做了类比。全年之中，所有社会成员都会在不同时间段参与项目的建设，并且一干就是很多年。会有成群结队的没有技术的劳动者把大石头从很远的地方拉来，而另一些人则负责运输作为石冢主要建筑材料的小石头和木材。社会和宗教方面的头领可能会一直监督着技能娴熟的石匠、雕塑家及其学徒们雕刻这些神圣的图像，凿切石头是一种神圣的劳动，与罗马天主教庆祝圣餐（Eucharist）的传统并无二致。纽格莱奇墓的大型墓室说明，农业社会剩余的可用资源在增多，少数人正展示出其非凡的艺术技巧，也表明人类一直以来渴望与祖先保持持久的联系，以使生活变得有意义。

向文明时代的过渡时期

先是牧民和农民聚集产生小群体，后来随着农村的农产品出现了适度的富余，真正复杂的、依赖资源且阶层分化的城市社会便出现了，由此人类社会诞生了第一个较为成熟的文明。它大约出现在公元前3500年到前3200年埃及中下游的尼罗河流域，以及底格里斯河和幼发拉底河之间的美索不达米亚平原；类似的文明进程在印度河流域则出现在公元前2500年左右；而文明进程在中国的黄河流域出现于公元前2000年到前1500年之间，在中美洲则是在公元前1500年以后。这些地区气候适宜，当地植物和动物品种丰富，富有雄心的社会组织了大量劳动力来建造农业灌溉网络，用一系列纪念性的（通常用于墓葬）建筑来创造了城市环境，并且能把少数艺术家、学者、牧师和世俗统治者等精英解放出来，专门从事组织和保护庞大的社会人口的工作。

这种格局标志着文化演化已经发展到一个重要的新阶段，并且一直持续至今。如果站在被一些学者称为“大历史”的语境下来看，或者以文字记录出现之前人类几千年的经验来看，文明是一种新奇但也许徒劳无用的实验，是为了人类自身的目的而永无休止地努力掌握和操纵自然所迈出的第一步，终结了人类对环境的进化适应过程。或者用一位历史学家的话来说，这种追寻就是“人类最激进的行动”，在今天仍在继续，但却很可能导致生态产生不可逆转的崩溃，不啻一场意想不到的漫长自杀。

美索不达米亚难以捉摸的永恒

人类历史上的第一个文明竟成功出现在被希腊人称为美索不达米亚的地区（也被称为“两河流域”地区），从某些方面说，这不能不让人感到惊讶。此地干旱少雨，诸如石材、金属矿石和木材之类的自然资源匮乏，并且会遭受周期性入侵和开放边界的移民困扰，按理似乎不太可能孕育出文明。但是，苏美尔人（Sumer）能够改造自然，使其更好地为人类服务；苏美尔人居住在现在伊拉克最南端的地区，他们充分利用了底格里斯河和幼发拉底河沉积和更新所产生的大量肥沃土壤。在这个相对平坦的沿河冲积平原上，洪灾很容易泛滥；但由于管理适当，这里又很容易丰收。精心构建和努力维持的灌溉网络使农民能够在远离河流的平原上种植作物。帆船和轮式车辆大大便利了剩余粮食和其他物资的远距离运输。

此时，人类为了让自己生活得更为舒适，便开始努力治理自然环境，无怪乎一些关注大自然力量的宗教思想会应运而生。事实上，苏美尔最早的统治精英阶层可能就是由具有超自然能力的专家，以及能够解释神灵意志并指导人类取悦和安抚神灵的祭司们组成的。到了公元前2800年，南方地区分布着大量的城市，每一座城市都有阶梯式寺庙或金字形神塔，当地的神灵将日常权威转授给神权祭司/统治者。我们都知道，这在一定程度上要归功于楔形文字（cuneiform）的发明，现代学者可以对其进行解读，这就为我们深入了解住在美索不达米亚下游的古代居民提供了新的丰富的原始材料。

在遗留下来的文字记录中，原住民所尊崇的无数神祇作为大自然某个方面的人格性化身而出现，行事经常充满悖谬、充满敌意且反复无常。比如底格里斯河和幼发拉底河那不可预测、又变化无常的洪水泛滥，就被解读为神力的直接表现。耳闻目睹此情此景，一些人不免产生了悲观和虚无主义的人生观。在浅水灌溉的温暖田地里暗藏着传播疾病的寄生虫，由此产生的疾病和死亡，更加重了问题。杰出的神祇安努（Anu），也被称为"天空之神"，人们认为他每年都要召集众神集会，决定来年将发生些什么。伊利尔（Enlil）作为风暴和雷电之神，是绝大多数神祇意志的主要执行者。各位神祇都被认为是一种拟人化的存在，生活在一所房子或庙宇内，居住在被崇拜的神像之中，就像一个人的灵魂寓居于身体之中一样。祭司或者称“恩西（ensi）”，负责解释象征着某位特定神祇意志的迹象和征兆，并且监督与敬神有关的正式仪式和节日。因此，美索不达米亚人的世界虽不可预测但独立自主；自然界中的每一种现象，无论灾难还是喜悦，即使是不合时宜的行为，也可以解释为神灵的意志。3000 多年来，这种对现实的动态理解，既引领着富人，也引领着穷人的生活；他们的宇宙观的吸引力一直越过了这一广阔平原与波斯湾接壤的边界，影响着其东西方邻居的世界观。例如，出现在后来的《希伯来圣经》（*Hebrew Bible*）中的可怕洪灾，就起源于美索不达米亚的宗教作品。

第一座苏美尔的城市在很大程度上是自治的；涉及水权的纠纷以及共同协作抵御外敌需要由祭司中的精英进行协调，很可能会在主方城市的寺庙中召开相关的会议。在一些私人住宅中，坟墓位于地板下面，里面埋葬着挑选出来经过特殊处理的居民的遗体。许多逝者的陪葬品十分丰富，包括衣服、饰品、工具和武器等，可能意在帮助他们在另一个世界中生活得更好。这也证实了社会不平等这一事实的存在。皇家墓葬肯定了国王的权威和尊严，在某些情况下，仆人和随从会被埋在附近的墓室之中。每个人都有一个灵魂，但是在临终时灵魂会离开身体，转入凄惨悲凉的阴间。在早期苏美尔的文化中，来世被描述为一个死气沉沉的黑暗之地，尽管不可能对更广泛的社会信仰做出结论，但对一些人来说，不管是受到宗教信仰的启示，还是由于生活更加富裕了，为这一旅程配上充分的装备都被认为是很重要的。

随着城市财富的增加以及竞争的加剧，对于没有天然屏障的地区来说，安全需求也就增加了。公元前 2500 年之后统一王权的兴起，可能就是城市日益军事化的结果，因为他们发现捍卫自己的土地和资产变得越来越困难。在公元前 2500 年之前，库什（Kush）王国享有霸权；公元前2350年左右，萨尔贡（Sargon）王朝取而代之；巴比伦的汉谟拉比帝国（Hammurabi of Babylon）出现在公元前1800年之后。所有这些王朝都通过创新来扩充权力，比如制定成文法律和建立包括地区法官、税吏和军官在内的官方权威官僚机构等。但最终这些国家都没有维持到一个世纪以上：它们要么臣服于外部侵略者，要么毁于内部腐败，或者被两毒并侵。

其中最著名的统治者之一就是传奇性的英雄国王吉尔伽美什（Gilgamesh）。他是公元前2700年左右乌鲁克城的统治者，人们通过《吉尔伽美什史诗》（*The Epic of Gilgamish*）知道了他，他是其中的主人公。据说这是世界上最古老的故事作品，大约在公元前2000年后的某段时间写成。在这本书中，主人公貌似是一个暴虐的统治者。他最好的朋友恩奇都（Enkidu）曾经是他的对手，俩人一起参与过许多大胆的冒险行动，其中有些是反抗神灵的；但他失去了这个朋友。在选择了恩奇都的友谊，而拒绝了女神伊师塔（Ishtar）的求爱后，吉尔伽美什受到了惩罚，他眼睁睁地看着他的朋友被神降下的疾病夺走了生命。死亡的冲击让吉尔伽美什踏上了追逐永恒生命的孤独之旅。在旅程中，他向乌塔那匹兹姆（Utnapishtim）发问，后者因从大洪水中拯救了所有生物的代表而获得了永生。乌塔那匹兹姆不肯泄露永生的秘密，但是他的妻子告诉吉尔伽美什，有一种神奇的植物，吃了它以后人就能恢复青春。他找到了这株植物，但是在回家的途中，却被一条大蛇偷走了。“麦酒女神”西杜里（Siduri）提醒主人公，他的追寻是徒劳无功的：

> 吉尔伽美什，你为什么游荡？
> 你所寻求的永生将求而不得。
> 当神灵创造了人类，
> 他们就预言了人类的死亡，

永生只为他。

最后，饱受磨难却变得更加明智的吉尔伽美什返回了家乡乌鲁克城，在作为现世国王的成就中找到了些许安慰，这是一种隐喻的不朽。《吉尔伽美什史诗》详细描述了一个日常世界中的人变成了心有恐惧的祈求者，而自私的神祇除了要求他们的圣坛上摆满供品之外，很少对人类给予关注。《吉尔伽美什史诗》代表了一种文化，它相信永生专属于这些高傲和不友好的神祇。不幸的是，对于人类来说，尘世的种种作为在来生是不会得到任何奖励的，即使是最英勇的人也不例外。恩奇都梦到有这样一座房子：

……没有一个人从那里走来，
那里没有回头的路，
那座房子里的居民，
都被剥夺了快乐，
在那里，
他们含垢忍辱，
所食只有尘土。

恩奇都勾画出了一个阴暗的冥府，并展现了阴间的濒死体验。在那里，甚至连国王和祭司都憔悴不堪，没有希望，以灰尘和泥土为食。美索不达米亚的环境饱受沙尘暴、洪水、城际冲突和外界攻击的侵扰，是不是这种现实状况在某种程度上导致了这种黯淡的想象，在学术界尚有一些争议。这种身体上的不安全感，我们也会在其他地方看到，这也可以催生一个强大的信念，让人们相信正义和奖赏将在来生得以实现。但不管是哪些因素组合起来，就塑造了人类第一个文明对于死亡和来世的观点，最后的结果似乎相当严重。

埃及：死亡是一个生命阶段

正如在美索不达米亚一样，地理因素对于古埃及卓越的政治和绵长的文明也是至关重要的。由于北面的地中海阻挡了潜在敌人的进攻,两侧受到山脉和沙漠的保护，埃及人在3000多年的时间里一直过得非常富足、和平和稳定。埃及的治理方式与现代观念相悖，不太重视国际事务对国家富裕程度的影响，多个世纪以来，它这种相对与世隔绝的状态是其形成强大的经济和政治实力的关键因素。生在埃及、死在埃及是每个居民的愿望；似乎还存在一种担心，即那些在埃及以外地方去世的人就丧失了拥有来世的可能性。气候适宜，再加上尼罗河流域肥沃的冲积土壤以及河水定期泛滥重新冲积带来的新土壤，使得这个国家农业物产丰饶，不仅谷物、水果和蔬菜每年都丰收，而且其文化中也相应产生了一种深刻的永恒不变和蒙神惠泽的色彩。同时，埃及还有世界上最长的河流带来的便捷交通，在北边刮来的恒风吹动之下，顺流而下可以向南旅行，而沿着河流的正常流向可以向北航行。从埃及南部的第一条大河到地中海，这条水路畅通无阻；这一肥沃的河谷最宽处不过12英里，然而这条河却孕育出一条长长的绿色文明带，在这里住着埃及95%的人口。这条狭长的可耕地是如此重要，所以埃及人把逝者埋在西部的沙漠中，每天当太阳穿行过万里无云的天空后，傍晚就会在那里落下。

在公元前五世纪时，希腊历史学家希罗多德（Herodotus）访问了埃及——最大的金字塔建于大约两千年之后，他将这块土地恰如其分地描述为“尼罗河的礼物”。这个得天独厚的地理环境，可以部分解释为什么埃及文化中有着更乐观的人生态度，以及为什么埃及人对死后的崭新生活充满憧憬。而对于为什么埃及人倾向于把众神与诸如天空、空气和水等自然力量联系在一起，也不难理解。然而，尼罗河的“礼物”并不是免费的。虽然早在公元前5000年，埃及人就开始驯化植物和动物，但是直到公元前3500年左右，依靠剩余农产品的村庄才开始出现。农业生产要求稳定的劳动力，特别是当需要采用复杂的大型灌溉网络来掌控大自然时，就更是如此。反过来，指挥协调劳力需要强有力的领导，并且需要不断安抚神明，因为人们认为最终是神明掌控着自然和主持着正义。埃及的万神殿中供奉着几百个男神和女神，其中许多被描绘成兽形、人形或人兽合体形。不同的地方演化出不同的宗教崇拜，并由世袭的祭司阶层培育和维系着。

在世间定居的神和首席立法者是国王或法老（“大房子”之意），他通过对强制力量的垄断，以及严格遵循一种仪式化和象征性的生活方式来保证秩序，或者主持真理正义。直到公元前 3100 年，上埃及国王美尼斯（Menes）征服了尼罗河三角洲地区，才实现了全国统一。王朝体系多个世纪以来都证明了它的持久性，只经历了短暂的不稳定状态。同美索不达米亚那些高高在上、喜欢争斗的神不同，埃及人崇拜的神祇致力于维持平衡和秩序。王权是绝对的，以至于古埃及人从未制定过任何人为的成文法典。在各种情况下，只要有法老的意志就足够了，而一个大型官僚机构则承担各种职责来监督宗教仪式，组织防御，进行书面记录并监督各类公共工程项目。

古埃及王国时期（公元前 2700—前 2200 年）不朽的法老古墓群，鲜活地证明了埃及文化中生死密切相关。埃及法老视自己为拉神（Ra），即太阳神，晚上穿越地狱与恶灵战斗，或者与荷鲁斯（Horus，天空之神，通常被描绘为长着鹰头的形象）征战。法老们会精心筹划他们的长眠之地，虔诚的大臣们会施展巧计，审慎地加以安排。在中王国时期（公元前 2052—前 1786 年），法老的丧葬仪式要用将近 70 天才能完成。

似乎生活的各个方面都是围绕着对死亡的认知和对来世的信心而安排的。木乃伊的制作工艺极其复杂，逝者的内脏先被移除，保存在罐子中，然后在下葬之前把尸体风干、包裹并用沥青浸泡——这就提供了强有力的证据，证明埃及人相信来世确实存在，即使一个人在其中会发生转化。埃及人认为卡（ka）或者说一个人的生命精气只有在尸体被保存下来后才能活下来。最早的金字塔（约公元前2550年）只被用作皇家陵墓，但是在建造过程中，为了让法老的来世生活更方便、舒适，需要动用数以千计的劳动力去完成一些专门工作。建造金字塔需要征召民众做劳力，同时需要对神王的集体忠诚。许多金字塔内都设有螺旋上升的楼梯，法老会通过这个楼梯"升入"天堂。历史学家艾伦·西格尔（Alan Segal）认为："天堂与永生的联系是埃及人的一个独特发明，在成为《圣经》和希腊传统的一部分之前，已经存在了几千年。"

虽然绝大多数埃及人缺乏建造坟墓和举行复杂葬礼仪式的财力，但木乃伊的习俗还是逐渐蔓延开来，对永生的憧憬并不只限于精英阶层。心脏被认为是最重要的器官，是灵魂和精神的居所，是个体的根本核心。埃及神话认为每个人在死后都会去欧西里斯（Osiris）面前接受审判，他是经历过死亡和复活的尼罗河伟大的生育之神。欧西里斯被自己邪恶的兄弟塞特（Set）杀害，尸体被肢解，并抛到王国的各个角落。欧西里斯的遗孀伊希斯（Isis）将丈夫的遗体收集起来，并用亚麻包裹。欧西里斯复活之后，成为埃及人的冥界之神，审判所有死亡之人，将死者的心脏与玛特神（ma'at）的羽毛在天平上做对比。二者平衡意味着灵魂无罪，可获得来世的幸福和满足，如得到负面评价的话，就意味着灵魂会被丢弃给毁灭之神阿米特（Ammit），这是一只半鳄鱼半河马的怪物。被阿米特吞噬就意味着灵魂和肉体的彻底毁灭，是第二次死亡，这对每一个埃及人来说都是厄运和诅咒。在许多坟墓中都发现了《亡灵书》（*Book of the Dead*），里面有祷词和咒语，旨在在即将到来的旅程和审判中助逝者一臂之力。在墓地与逝者沟通是有可能的，家庭成员可聚在此处会餐，彼此交谈并将信件留给逝者。当时的埃及社会可能已经高度分化了，但是死亡成为一个很好的均衡器，未来生活由贵族、牧师和农民共享。

在西方之外

南美洲人对待死亡和尸体的方式

埃及人不是第一个制作木乃伊的民族。早在公元前5000年前，定居在智利北部海岸荒漠地带的以捕鱼为生的新克罗人（Chinchorro），就会用复杂的技术来维持逝者身体的完整。20世纪早期，考古人员开始在这里展开考古工作，在1983年的大规模发掘过程中，研究人员发现了近100具木乃伊。这次发掘引发了对新克罗人丧葬习俗的密集研究浪潮。研究人员想搞清楚新克罗人这样做的意义何在。在这种文化中，有意延缓遗体腐败过程的做法似乎与社会地位无关，木乃伊包括婴儿、儿童甚至是死胎。这项工作本身需要技术熟练、时间充裕，并且对解剖学知识有详尽的了解。制作木乃伊的过程包括去除皮肤、器官和软组织，用棍棒加固骨头，并且用动物毛发和草填充身体。在当时那个技术简单的社会，如此复杂的处理过程表明存在着一个非常强大的信仰体系来指导这些活动。

但这些信念是什么呢？制作木乃伊的习俗是否涉及生者或逝者——抑或两者都有——的精神需求？这一习俗是在逝者的生命链条被打破之后用来对群体加以慰藉，还是专门用来对家庭以及社会正在进行的工作提供帮助？在一些木乃伊身旁发现的食物和钓鱼用具的残骸，指向了对来世旅程的信仰，但是由于没有书面记录，所以我们难以做出肯定的判断。

撒哈拉以南非洲人的观念

尽管埃及文化最为著名，但它却不是古代非洲唯一的文化。埃及是位于这块广袤大陆东北角上的古老国家，它对尼罗河的依赖妨碍了它的文化向南方发展。但正是在南方，大多数考古学家发现了人类进化演变以及向其他大洲扩散的最早证据。然而与它们在近东和大陆西北角的邻居不同，在中国、印度和亚洲西南部的居民已经转换到定居的生活方式，并开创了正式的领土国家之后，大多数非洲人仍然延续着采集狩猎者的生活方式。至于为何会存在这种分歧，原因仍存在争议。但毫无疑问的是，气候——或者一些人所说的生态——在其中起到了重要的作用。在埃及进入农业社会时（约公元前3000年），撒哈拉地区的人仍然在放牧牛羊。在接下来的几个世纪中，曾经繁荣的草原地区开始逐渐变成了环境险恶的沙漠，造成了地理上的南北分裂。南部沙漠有超过一半的土地都是草原，被称为“热带大草原”，其中有十分之一是赤道丛林。

畜牧业和农业确实在降雨充足的地区出现了，而撒哈拉以南地区尽管矿产资源丰富但土壤却十分贫瘠，因而狩猎采集的生活方式成为主流。暴雨引起土壤侵蚀，酷热使得土壤营养流失，许多农业部落实行“刀耕火种”的农耕方式，这使得他们不得不每隔几年就要搬一次家。尽管不断迁徙，但还是出现了很多不同的社会-语言群体和民族群体，以及一系列宇宙世界观的框架。当人们谈及死亡时，可能会从这些纷繁的多样性中识别出一些有关死亡的共同的文化观念和思路。

当然，只是到现代时期才有了书面资料，但是这些区域的一些口头历史，也就是那些故事和神话被代代传播着，似乎是在不断重申一种理念，即人类的罪过导致其必死。最直接的死因通常可以与一种巫术行为，或者与那些对受害者心怀怨恨的幽灵的报复联系起来，抑或是因为受害者未能履行其誓言。比如，居住在现在的喀麦隆和加蓬的芳族人（Fang people）认定，女巫和祖先的鬼魂就住在他们中间，并且很容易给他们带来巨大的痛苦。身体病痛看起来可能是最直接的死因，但根本原因更多的是与非人类的或灵魂的媒介有关。因为有这样的信仰，占卜术士和巫医在传统的非洲社会很受欢迎，它们可以使犯罪者无处遁形，并且恢复与中间神和至高无上的神之间的关系。前者被认为会积极参与生者事务，并可以在至高神明面前祈求和呼吁。

在古代撒哈拉以南的非洲文化中，有个最基本并被广泛接受的观念是：所有的生命（人类和非人类）之间相互依赖，都从属于一种超自然的力量。人类如果和其他生命之间维系着一种适当的关系，有望在适当的时候得到善终。例如，住在现在尼日利亚这块土地上的约鲁巴人，寻求死后回到舒适的天堂，因为只有在这里才会实现永恒的关系。对约鲁巴人来说，要想进入天堂必须满足三个标准：逝者必须至少年满 40 岁（因为长寿往往与道德的生活有关）；必须埋葬在祖先家中的土地下面；必须是自然死亡，并且进行了适当的仪式。如果不考虑这种地区性差异，那就可以说，大多数撒哈拉以南的非洲国家都有意识地发展了一些葬礼和丧葬仪式，这样使人可以轻松地通过安全通道，进入几乎所有人都接受的有活力的来世。

一帆风顺的通路保证了社会与“活着的逝者世界”的接触，这是一个与你记忆中的祖先保持着身份一致性的世界。如果缺少这一安全的通路，这些“活的逝者”就会被贬入“一个看不见的世界，那里充斥着迷失的众生和灵魂，无法获得个人身份和认同”。节日以及大多数宗教中有关这一通道的礼仪和仪式，共同构成了生者、祖先和迷失的灵魂之间的关系。精心策划和实施的仪式，确认了社会群体需要持续得到“活的逝者”的帮助。一旦对“活的逝者”的回忆消失在新一代的记忆中，这一死亡过程才能圆满。此刻，这些“活的逝者”成了永生的集体中的一部分，这个灵魂的群体与家庭的生者不再存在个人沟通。这是他们的最终身份，是他们在一个更具包罗性的宇宙论中被指定的角色。

当代人类学通过对西非塞拉利昂的曼德人进行研究，发现了一种独特的观念，即把死亡看作生命的二度萌发。当地村民种植大米，他们相信存在一位至高无上的神和无数次要的神灵，并且相信他们的祖先会继续存在。曼德人将第一次死亡看作一种社会建构，当人们加入了这一文化的秘密社团，脱离了家庭并进入某种精神境界之后，这种建构就会发生作用。从群体中分离出来几个月以后，经过严格的成年人技能的培训，这些人的社会人格才得以建立。在这一时期，年轻人被认为已经死了，被秘密社团的神灵吞噬了。当这些社团加入者重返社会时，就实现了重生。第二次死亡，或者说生物性死亡则标志着他们向亲切的祖先身份的过渡，逝者由此重新融入逝去的亲人当中，但继续关心和参与生者的生活。遵循适当的葬礼仪式或死亡仪式能促进这一过渡，一旦没有实现，逝者就会成为游荡的孤魂野鬼，心怀愤恨并迁怒于生者，给生者造成不幸。

早期中国祖先的丧葬方式

在中国，农业革命始于公元前5000年前的黄河流域，那时的气候比现在温和得多。最早的村庄建在了黄河沿岸的斜坡上，周围一片空旷。在中国，有关定居生活的一些最好的考古证据来自河南仰韶。仰韶文化遗址最早是在20世纪20年代出土的，其历史可以追溯到公元前5000年到前3000年左右。当时的居民住在围着篱笆墙、墙壁涂抹过的洞穴房内，种植谷子、小麦和水稻，驯养猪、狗和山羊。他们将粮食储存在一排地洞内，沿着村庄里的住宅建造起一道泥土城墙和护城河，这表明公共防御是一项需优先考虑的工作。

关于丧葬习俗，新石器时代的中国人似乎对逝者格外照顾。墓葬遗址表明，早在公元前4000年前，人们的注意力都放在遗体摆放的姿势和方向上，并且墓葬品显示某些地区已经出现了经济和政治阶层的分化。在仰韶文化中，孩子们的遗体会被安放在骨灰瓮中，然后埋在住宅边上，而成年人则被埋葬在村庄北部的一个单独的墓地中。在仰韶东北部还出现了另一个新石器时代文化，被称为龙山文化，可能出现在仰韶文化之后。在那里，坟墓位于村庄住宅下面，一些骨灰瓮被封入地基墙，但遗憾的是，从现已发掘的考古遗址中，我们对当地居民的信仰体系仍知之甚少。

貌似从公元前1700年左右开始，在北部的主要部落“商”的领导下，中国的政治权力开始合并统一。在商王朝继续统治的700年中，他们连续占有了许多有城墙的都城，其中最大的一处是在20世纪20年代由考古学家在现在的安阳附近发现的伟大的殷墟遗址。在这个祭礼中心的废墟中，供奉着祖先的祠堂和皇家墓葬，同时也储藏了商王朝占卜部门的档案资料——成千上万的“甲骨”或动物骨头碎片（一般是牛的肩胛骨或乌龟壳），上面刻着最古老的中国文字。大多数刻字的甲骨被用来确定未来行动和事件的结果。这些记录显示，在好战的国王和贵族们统治之下，存在着一个复杂的社会秩序，他们掌控着巨大的军队和劳动力资源。商王朝还发展了一套将世俗与宗教权力相结合的统治理论，发明了一套复杂的象形文字书写系统，并通过它在广阔的地域内传播他们的指令。

甲骨文还证实了商朝人相信一个至高无上的客观存在，通常被称为“帝”；但是祖先在国家事务中扮演着关键的角色。虽然在许多古代宗教中都可以发现祖先崇拜，但在中国，这种做法似乎已经成为统治精英对于死后生活想象的核心。占卜，或者说是生者向逝者问询，全面影响着宫廷的日常生活。商朝统治者不相信个人死后会以某种形式继续存在，他们信奉为子孙后代劳作和牺牲可保他们绵延不绝。这种生命观与新兴的、对现实的非二元论理解相一致。整个宇宙被认为是一个单一的实体，人类与天地之间通过仁义的生活、祭祀仪式和服从一个英明的统治者保持和谐。孝顺的后代自己会努力工作，认真地向逝者履行适当的仪式，遵从某种习俗，以一种对他们的祖先有益的方式生活。祖先可能会对世俗事务进行干预，从而强化相互的义务，包括在生活中通过适当的行为来纪念祖先的责任。在这套信仰体系中，道德服从于通过适当的仪式获取丰收、确保人身安全这一主要目标。

在最高政治层面，国王向至高无上的神（“帝”）负责，其他一些级别较低的神（太阳、月亮、雨、土地和风）负责大自然不同的方面。在安阳发掘的皇家坟墓中，有许多象征财富和权力的墓葬品，包括漆器、青铜武器和战车装饰品，以及对考古学家来说最重要的刻着文字的甲骨，这是在商朝统治时期积累下来的。执政的君主直接与神灵世界保持联系，代表他的臣子表达对祖先的敬意。在世的君主在执政中得到很多祭司——星相家的帮助，由他们行使预测占卜的权利。用一位近代学者的话说就是：“商朝的君主权威，来自他们所能够掌控的力量，而这种力量是他们通过对奉若神明的祖先进行冥想而获得的。”商朝人的真正观点是，实际上是祖先在通过君主实现其统治，死亡只是增强了他们世俗的权力而已。

在商朝，用活人献祭的现象很普遍，证据随处可见，包括王家墓葬中数以百计的奴隶、战俘和侍臣们的残骸。向祖先祭祀也巩固了执政者对至高无上的神的影响力——神通常高高在上，人类无法企及，并且也对人类漠不关心。奴隶似乎很普遍，其中大多数受害者都是由战俘转化而来。和大多数普通人一样，奴隶也没有祖先可考，因此各代之间也不存在联系的机会。土地由社会高层控制着，绝大多数人在这些土地上劳作耕种。商朝统治者有意将这一神圣领域变为自己的专属物，并且商朝的神明“从来都不是大众的神明，也没有成为整个社会共同的神明”。我们对于商朝统治下的其他非精英社会阶层的葬礼习俗几乎一无所知，但是我们相信统治王朝的宇宙观会散布到更广泛的文化中，把原本被正式限定在贵族圈子中的祖先崇拜的做法扩展到更广阔的范围。

冲突、意识形态和过早死亡

在史前时代的许多方面，人们都表现出了支配他人的倾向，包括兄弟之间的争斗、血仇、家族纠纷和报复袭击等，各种冲突屡见不鲜。用尼古拉斯·韦德（Nicholas Wade）的话说就是：“在国家建立之前的社会里，冷酷的征战会不断发生，敌对双方通常都怀着消灭对手的相同目的，而且往往能够得手。”采集狩猎者的历史构成了人类历史 99% 的进程，这种社会要求将通常容易沦为侵略者目标的个人财产保持在最低限度。除了最近的打猎所获之外，攻击者即使获胜也占不到多大的便宜——而且战利品的保质期也很短——由于担心日后受到报复，攻击者会把包围起来的整个社群赶尽杀绝。

从长远来看，农业的出现和动物的驯化无疑提高了食物的质量和数量，能满足人口增长的需要。但正如上面所提到的，定居的农民最初发现，自己的处境很脆弱，因为外敌会发现相比自己种植食物，掠夺来得更容易一些。有组织的暴力当然不是文明生活的副产品。对农民的攻击，加上村庄之间的突袭，大大提高了非自然死亡的范围、频率和计算精度。不过，在人类作为一个物种的存在过程中，这种与战争相关的有计划的搏斗很晚才出现。武器是“最古老和最重要的人工产品”，但最早的武器大多数都是为生计而设计的，并非为了毁灭同类的生命。

在某种程度上，我们可以将正式国家（而不是结构松散的家庭或部落单位）的起源，以及对军事安全的重视，追溯到共同防御外部掠夺者的需要上。正如我们所见，早在公元前4000年，在新石器时代的中国北部，为了抵御来自丘陵和平原上游牧民族的入侵，村民们就构筑起了围城将自己与外界隔绝开来。这些游牧民族的长期入侵，加上防御机制失败导致的死亡率居高不下，在很大程度上促成了中国第一个统一国家的形成。另一方面，在位于印度河河谷的已知最早的印度文明（公元前3000—前1600年）中，其艺术作品中缺少对暴力和战争的描写，表明冲突程度可能是有限的。但是在公元前1600年左右，雅利安人从北方入侵并占领该地区，复杂的印度河流域文明就消失了。在那片土地上，确实出现了国家结构，安全成为当务之急，导致了社会不平等现象的加剧，出现了劳动分工和专业化，以及世袭君主制。定居生活方式产生了高昂的社会成本。

不管攻击性是不是人性的组成部分，或者是不是文化习惯使然，事实证明，人类是唯一一种通过社会建构的经济、宗教和政治意识形态来故意杀死自己同类的动物。这些意识形态通常是由那些越来越具有杀伐之气的国家及其主要官员们建构出来的。一旦早期国家的权力稳固之后，在定居社会与采集狩猎人群之间的关系方面，其扭转乾坤的潜能是巨大的。大约公元前3500年，青铜工具和武器取代了石器，并且在公元前1500年之后进一步被铁器所取代。铠甲、头盔和斧头增强了战斗力，同时轮式战车增强了机动性。独裁统治者现在能够指挥一个可以在广阔领域和漫长战线上维持军队战斗力的管理和供应结构。向邻国发起更致命的侵略，被统治者们建构和推进的新公共意识形态合法化了。效忠国家——以及象征国家的君主个人——取代了对家庭、部落和宗族的责任。以前那些举止散漫、不可信赖，还会卷入家族纷争和伏击的勇士变成了永久的军人阶级。国家赋予这些力量以政治和宗教合法性，为前所未有的杀戮提供了工具和领导。

在这样一个环境下，死亡变得司空见惯，残酷无比。一旦“敌人”被确认以后，国家的全部威力就将军队变成了一件丧失人性的进攻性武器。亚述帝国晚期（Late Assyrian Empire，公元前1100—前612年）就是这一新态势的一个极端例子，这个国家最主要的事务就是战争和帝国扩张。亚述的军队从他们位于美索不达米亚北部的大本营出发，控制了从埃及到巴勒斯坦、叙利亚、小亚细亚和美索不达米亚的土地。手持铁制武器、训练有素的亚述军队蓄意制造暴行，恐吓敌人。在这样的情况下，最骇人听闻的莫过于以色列人民的遭遇了，在他们的零星抵抗被消灭以后，整个种族都被迁移了。叛乱并不罕见，但失败的后果是可怕的。横跨大西洋的秘鲁塞钦山丘是公元前1500年左右的一个城市文化遗址，它标志着某种类似官方暴力的使用。塞钦的城墙上遍布战争和受害者被斩首的迹象。在过去两千年中，国家在非自然死亡中所起的作用不断增大，通过精心策划的暴力，再加上将这类行为上升为高尚的社会职责，给越来越多的抵抗者和平民带来了致命后果。我们将在第4章中继续讨论这一话题。

活人献祭是另一种形式的政府暴力行为，虽然很少在教科书中提及，但却在全球范围内都存在过。苏美尔人、玛雅人、阿兹特克人、商朝人、早期的埃及人和印度河流域的居民都认为这是一个可以接受的习俗。尽管一些学者将活人献祭的习俗解释为，能将人类对暴力根深蒂固的嗜好引领到别的文化廊道的一种策略，但活人献祭几乎总是与宗教信仰和习俗联系在一起，最常见的目的就是安抚、平息或求助于神明，否则后者就会给人类生活降下不幸或自然灾害。具有讽刺意味的是，作恶者和受害者都认为，活人献祭的目的在于通过一个虔诚的行为来拯救生命。在农业社会中，自然力量被与特定的神祇联系起来，活人献祭可能意味着祈求四季顺利轮回、阳光普照、风调雨顺以及五谷丰登。比如说，在这些令人毛骨悚然的例子中，印加文化世袭的神权统治要求将战争受害者，有时是一些孩童，献祭给太阳神。为了证明皇帝的君权神授，后来埋葬习俗改为施行木乃伊和安葬制度，在逝去统治者的坟墓中会有大批的仆人、小妾、妻子和牧师陪葬。

不过，宗教和政治界限往往是模糊的。独裁统治者的葬礼频繁地用活人献祭，与其建国大业有直接关系。埃及第一个王朝的陵墓（公元前 3100—前 2890 年）、美索不达米亚王陵（公元前 2500 年左右）和在安阳出土的商代王家墓葬（公元前 1500 年），都陪葬了大量的仆人、士兵、朝臣和动物，大概是因为人们认为国家安全完全依赖于逝去的统治者在死后的命运。对受害者来说，这种无私行为是以可以换取新生作担保的，但我们可能只想知道那些将要被剥夺生命的人的情绪状态。在位于特诺蒂特兰首都阿兹特克的沾满血腥的特拉洛克（Tlaloc）和维齐洛波奇特利（Huitzilopochtli）金字塔神庙中，有人怀疑那些注定要做出牺牲的战俘和外国人对自己的命运放心不下，并未与敌人的来世信仰体系建立起联系。活人祭祀在古代是一个常见的死亡习俗，但毫无疑问，在受害者不认同施害者的世界观时，这其中的强制性因素也不容忽视。

化石记录也表明，在古代同类相食的现象也很普遍，就如同在其他生物系统中可以观察到的行为一样。第二次世界大战后的学术界不愿承认人类存在过这种行为，主要是因为同类相食的指控与 19 世纪西方种族主义以及帝国主义的阴暗目的有关。但这方面的证据非常确凿，最近的学术研究也反映出这个令人不安的事实。现在已知的情况是，在中美洲和南美洲、美洲西南、斐济、新西兰和非洲都存在吃人现象，事实上这种习俗在全球都存在。或许更令人不安的是，大多数动物之间的同类相食，完全是出于营养和生存需要；但对人类而言，这种做法却逐渐演变成一种基于公认的精神和医学原因的习惯做法。例如在一些文化中，噬食战俘的血肉，被认为是提取后者精神力量的有效手段，或者是一种可以辟邪的行之有效的方式。对另一些人来说，这种做法确保了挚爱的伴侣或群体成员的精神可以继续在另一个身体中存在。按照施行这一习俗的人的世界观，噬食新近去世的逝者身体的行为，比起任其烂在泥土之中更有礼貌也更虔诚。很显然，在食人族和非食人族之间，丧葬习俗的标准截然不同，但动机并不总是相互排斥、互不相容的。

原始的愿望

我们旧石器时代的祖先是否在更深层次上思考过死亡的意义，仍然是一个悬而未决的问题，并且考古记录可能永远也无法为我们提供足够有力的证据，以形成扎实的推论，更不用说给出基于经验的答案了。然而，我们所了解到的人们由于包罗万象的非正常原因而造成意外死亡的频率，让我们可以假设大部分最早期的民众认为死亡只是不幸或巫术的产物，他们相信如果能侥幸躲过，生活仍将会无限期地继续下去。几千年之后，基督教关于死亡的故事，说的就是一对夫妇在一个花园里犯了过错而产生的后果，提供了一种由于外部原因而死亡的解读，与之前没什么不同。

那么，旧石器时代的人类对于身体停止呼吸的观念，与我们现在的看法也并非完全不同——我们现代人努力把死亡看作一种疾病，企图通过科学技术创新将其克服。当然，今天我们明白生命只是一个有机的过程，会以肉体的退化和分解而告终。想要抑制这一过程的探索，完全不同于那种认为如果能够避免神或者恶魔的歹意，那人就会长生不死的假设。不过，也难怪我们的前辈存在误解，因为他们大多数人去世的时候正值盛年。如果把意外死亡放在古人生活的情境中看的话——他们为了寻找食物而在充满冲突和暴力的世界中不懈努力——我们就会发现，这让他们很少有机会思考那些超越直接表象的东西。

但是考古学家所能收集和研究过的实物遗存实在太少了，由此来看，好像我们一些最早的祖先（那些有机会思考自己死亡的人）没有思考过这个不可避免的结局。在大多数文化中，当不幸事件真的发生时，人们都会认为，个体是转换到了一个仍然需要食品、饮料和世俗配饰的状态。这不是一个激进的改变，恰恰相反，生物体生命的终结成为通向另一个居所的通道，而这处居所的质量在一定程度上取决于处理遗体的方式和生者举行的仪式。也许最重要的事实是，古代大部分人都是根据个人的、高度个性化的死后体验来思考问题的。无论这些体验在本质上是身体的还是精神的，无论是否存在一个神秘的地下世界、一个快乐的居所或一个互动的舞台，那里的祖先们仍在影响生者的生活，逝者都保持着其独特的个人身份，并通过某种程度的意识水平保持其道德行为能力。

当然，也有重要例外。中国人的宇宙观拒绝了超验观念和其他概念，相反它强调的是自然的迫近性与和谐性，以及宇宙平衡和社会秩序之间的联系。但即使在中国模式的祖先崇拜的演化过程中，一个人也能感知到有必要以阴间个体的身份来进行思考。抛开全球各种文化的独特性和众多特性不谈，对众多早期人类来说，承认死亡就等同于承认生命的“不存在”，个人的思想、情感和意愿会不可逆转地终止，这是非常令人难以接受的。他们相信死后存在连续性，从而寻求对意义和人生根本价值的肯定，这就是生命的本质所在。他们认为自己生存于“这个世界”的方式有别于其他生灵，相信自己转为来生世界一员的过程是进入一个更大的宇宙结构体系不可缺少的一步。作为人类，他们认为自己是独特的，从经验上说也是无可替代的，声称他们与生者的关系对于他们已经离开的世界的幸福生活来说，是必不可少的。他们一般对生命开始之前的形式不太在意，而对死后的形式尤为关注，希望能够证实过渡期的价值以及早期人类渴望的、为之奋斗和做出牺牲的归属感链条的存在。人类文明就在这样晦暗和忧虑的基调中开始了。

A BRIEF HISTORY OF DEATH

第2章
对死亡的哲学反思

追寻人类存在的意义

在当今的世界中，许多人都相信存在某种形式的来世，也有很多人不相信来世，但却真诚地希望自己能有来世。坚信生命不灭的拥趸者甚众，原因虽多种多样，但其中最重要的一个原因就是，他们觉得为了现世的道德意义，就必须要在人类死亡后构建出一个更为宏大的现实和法律规则，当人类即将死亡时，可以走入其中。少数人则认为，在生物有机体消亡之后，生命也就随之消失了，就像我们出生之前自身并不存在一样，在咽下最后一口气之后，我们也就不复存在了。我们活在当下，这是一个似是而非的存在，因此，我们必须在分派给自己的时间段里留下点什么印记。当代大多数非来世论者都坚持认为，尽管我们没有连续生存的权利，但一个非由神秘力量天造地设的世界也并非毫无意义——实际上，人类在创造意义方面是唯一得天独厚的族群，面对这个原本冷漠薄情的宇宙，他们能够勇敢地塑造自己的命运。例如在 18 世纪，当托马斯·杰斐逊在《独立宣言》中声称“自然法则和上帝的意旨”时，与他同时代的人都假定存在一个神圣的缔造者，是他创立了人类永恒不变的法则。到了 21 世纪，许多思想家对这一假设提出质疑，但杰斐逊的观点作为 18 世纪世俗信仰传统的产物，对我们的生活和行动所产生的影响仍然不可小觑。

除了信仰的传统之外，那些承认或否认来世的证据的本质又是什么呢？各种立场的逻辑出发点又是什么？在过去几个世纪里，这些问题经常引发哲学家的讨论，并使他们感到困惑，一直到今天仍然会影响着人们之间的辩论。在某种程度上，这些哲学论点似乎有点抽象且使人厌烦，聪明的假设都是基于不可信的证据，因为没有哲学家——甚至在这方面就不存在任何哲学家——从坟墓中采集过经验性数据。没有谁可以说出有关死亡的充分体验。但在过去的几个世纪里，其中某些假设却得到了广泛流传和认可，这得益于科学家、数学家、文学家和诗人所做的贡献，在这个领域中深入思考这一行为变得最为成熟，甚至可以为人们当下对未知广阔领域所做的研究提供指导。

希腊学说

如果说就其本质而言，哲学可以被定义为对现实、知识和价值观的假设所做的描述和重要分析，那么对死亡的哲学反思就必须同其他调查方式区分开来，后者要么是基于超自然的启示、神启的文本或者是对人类权威的特权性声明，要么是大包大揽、应有尽有的，他们提供——有时是强制别人接受——一些现成的解释。另一方面，哲学家首先坚持所有问题都是开放的，所有立场都是可辩驳的。今天存在一个普遍共识，即西方哲学的研究方法是由古希腊人开创的，虽然他们也接受了一些友善的预设，但通常会把他们对世界的经验建构在基于原型的首要准则之上，一般认为正是后者构成了支持我们形成多种感官体验的原始本质。作为人性的观察者，希腊人用其深刻的洞察力极其有力地解决了很多宏大的问题。本着找到可以解释的同一性这一目的，他们沿着一条从抽象唯心主义到机械唯物主义的连续脉络来解释现实的性质和结构，力图在明显的奇异性和宇宙广泛的无条理性之间找出逻辑秩序。

大约在60年前，历史学家克兰·布林（Crane Brinton）曾断言：“如果我们一点也不了解希腊人，那我们就无法了解自身。”从奥古斯丁到阿奎那在内的中世纪基督教作家，当然知道并且崇拜作为异教徒的希腊人，希腊人认为客观真理是可以认知的，只不过心灵被不完美的感觉遮蔽了而已。早期的基督徒全盘接受了希腊人对于宇宙本质意义的认识，同时又通过教堂这一中介向外发布救赎信息。具有讽刺意味的是，对于教堂的批评也集中在这一点上。从16世纪的新教改革者一直到18世纪启蒙运动中的哲学家，莫不如是。直到最近，西方思想家大体上都接受了希腊的本体论（有关存在的理论），即日常现实都是衍生于一个更庞大却更简单的事物，它赋予了自然现象和广袤宇宙以形式和意义。只是到了近两个世纪，这种宏观思考才受到质疑，成为起源于雅典和其他希腊城邦的批判性分析的核心。

关于死亡，希腊人留给后世两种彼此抵牾的基本看法。第一种观点认为，物质和非实体的灵魂呈两极存在，虽然感官无法感觉到灵魂的存在，但这却是人格持久的特性，甚至能延伸到肉体消亡之后。这种抽象唯心主义的拥趸们不信任这个感官的世界，不信任这个靠视觉、嗅觉、触觉来把握的不断变化的世界以及死亡。毕竟，感官的不可靠是众所周知的事情，经常会引导我们做出误判或者产生不切实际的幻想。另一方面，只有通过从容不迫的理性反思和小心运用逻辑才会让我们准确理解非物质的现实，其内在价值还需要人类有计划地去努力探索。按照这种解读，人格同一性存在于稳定不变的、非物质性的和长生不朽的物质之中。处于不断变化的表象之外的现实，才是真理和永恒生命存在的唯一领域。

第二种观点是，接受一个物质的世界，并认为凡是观察不到的，经不起实证研究和严格分析的，都是不真实的。在一个变动的、不断发生生死的世界里，那些与灵魂联系着的人的机能，尤其是脑力活动，包括思考、欲望、情感和道德判断，都可以被很好地理解为是生物体具备的机能。一种唯物主义色彩强烈的思潮坚称，在生物死亡时人的思考能力就停止了，死亡仅仅是我们在世时没有经历过的一件事情，所以死亡对主体来说就是一件整天吓着你，但你其实根本体验不到的事情。如果这样解读死亡，那么人生就谈不上更高层次的圆满了，预先安排好的能够弥补当下人生体验不足的下一篇章也就不存在了，连那些此生渴望得到的事物也将永远得不到了。宇宙中所有的生物——包括人类——都必然会走向衰亡，最终会曲终人散的命运也许会让我们感到悲伤，但我们依然要去追求能给我们带来幸福的关系和机会，不管是对我们个人来说，还是对整个人类来说，这些都是过眼云烟。西方后续产生的一些有关人类本性和基本人格的观点，可以说都是从这两种分析方法中衍化出来的。

死亡的习俗：不朽的灵魂

早在公元前 9 世纪，希腊就产生了这样一种观点，认为在某种意义上，人格的某些方面同肉体承载的东西截然不同；如果不是永远，那么至少在死后一段时间内是这样。诗人荷马（Homer，大约生于公元前 800 年）最早指出，一旦人体的生物过程停止运作，生命原则或灵魂就会离开身体，但他不认为死后灵魂会不朽或必然处于活动状态；换句话说，朦胧的灵魂不是人格的本质。大部分前苏格拉底时代的希腊作家都同意，无论死后成为什么，灵魂在人还活着的时候就是存在于胸部的一道阴影或者影子，死后继续在地下无趣地存在着，大多数直接盘桓在死者的坟墓周围。荷马时代的文学确实建议奖励少数在生前留下许多英勇事迹的英雄：赫西奥德（Hesiod）在其公元前 730 年的著作《工作与时日》（*Works and Days*）中，为这些英雄安排了赐福之岛，而荷马在其著作《奥德赛》（*Odyssey*）中，向善人和伟人敞开了极乐世界的大门。

但对绝大多数人来说，死后的存在只是尘世生活一个可怜的反映，明显感觉难以得到奖励或提升。死者常常与冥神哈迪斯（Hades）的地下王国联系在一起，既没有惩罚，也没有补偿。通过以讨好为目的而奉上的礼物（食物和饮料），生者与如阴影一般的逝者之间可以进行沟通；通过葬礼上那些取悦神的仪式，生者和他们的关系可以走上正途；但是在《伊利亚特》（*Iliad*）这部史诗的最后，阿喀琉斯（Achilles）对他悲伤的父亲普里阿摩斯（Priam）的建议仍然有效：普里阿摩斯的儿了赫克托耳（Hector）被人杀死，他再也回不来了；无论普里阿摩斯再怎样悲伤得无法自已，也无济于事。至于阿喀琉斯自己在冥界的体验，他在《奥德赛》中沮丧地说道，他宁肯做地球上最卑微的凡人，也不愿做冥界的国王。

古希腊人经常纠结于自我同一性这个问题，因为这是所有关于来世概念的核心内容。不管身体如何变化都一直存在，甚至在死后也不会消亡的东西到底是什么呢？是一个完整的人具有意识的非物质本质，是一具精神性（非物质的）躯体，还是一个处于半意识状态的类人物？希腊人对于客观可见世界的种种变化现象，包括自然界生生不息的各种变化以及人类生老病死的明显变化，有很多讨论。但早期的希腊人也意识到，一些完美的对象（比如几何形状）就一点也不会发生改变。也许终究存在一个涉及人类但又独立分开的、非物质的、不会变化的王国，这是一个与我们这个不断变化的世界相对存在的永恒现实。

已知最早的希腊哲学家之一、数学家、几何学家（很可能还是位萨满法师）毕达哥拉斯（Pythagoras，公元前570—前490年）坚定地相信，人格存在非物质或精神的一面。他阐述了灵魂转世这一有争议的学说；该学说认为人在临终时，其非物质的、不变的灵魂或心智或许会附着到另一种动物身上去。希腊人将这一理论称为“灵魂转世（metempsychosis）”。毕达哥拉斯认为，这样的过程要持续流转好多代，直到灵魂——现在认为是人格特性中不可或缺的一部分——转世为另一个人，最终成为非人类世界的一个灵魂，进入宇宙神圣的创造性思维当中。公元6世纪的几何学家、物理学家泰勒斯（Thales）虽然对“灵魂转世”学说持谨慎态度，但同样也为永恒、不朽的灵魂做了辩护，尽管他认为大自然的基本原则本质是一种非人为的存在。生于公元前500年左右的爱奥尼亚哲学家赫拉克利特（Heraclitus）把心智和身体区分开来，并赋予前者“逻各斯”[①]或者理性计划的含义，这是人类所共有的。对于每一位前苏格拉底时代的思想家来说，无形的物质或灵魂是个人感情、情绪、想法和行动动机的栖息之所；它还充当了人的道德素质的载体，并且是伦理决策的形成之所。这些重要的说法虽说很难得到证明，但却有着悠久的历史，一直流传至今。

① 逻各斯（logos）是欧洲古代和中世纪常用的哲学概念，一般指世界的可理解的规律，因而也有语言或“理性”的意义。——译者注

开先河的柏拉图

希腊思想对于死亡本质和来世的思考真正的创新之处，始于柏拉图提出的“激进的二元论”这一概念，即非物质的底层灵魂附着于肉体，以其为暂居之所，并与身体之间形成二元对立关系。柏拉图的作品《斐多篇》（*Phaedo*）是西方传统上最著名、影响最为深远的戏剧性对话作品之一。在书中，苏格拉底被诬告为不敬神灵、腐蚀青年，柏拉图带领读者走近这位伟大的、英勇的导师，在他就义之日，聆听他的教诲，与其进行对话。在生命的尽头，这位英雄从容淡定，坚信他的身体虽然死亡了，但他的灵魂却将万古长青，而且将挣脱这肉身凡胎的枷锁桎梏。别人可能不知道，在就义当日，苏格拉底还提醒聚集在他的牢房里的学生们：“哲学家终其一生都在期待死亡，终身都在为死亡做准备。”真正的哲学家试图挣脱肉体的束缚以及无尽的希望与焦虑。只有运用这种自出机杼、一尘不染的精神智慧，一个人才能接近永恒的真理或理念，这才是哲学家的终极人生目标。

在《斐多篇》中，柏拉图成熟的世界观被展现得淋漓尽致，包括他的非物质理念说以及“知识就是回忆”说。对柏拉图而言，人格同一性就是前世已然存在的非物质的灵魂，灵魂同“那些神圣的、不朽的、可理解的、统一的、坚固的、不变的事物极为类似，自身是恒定不变的”。另一方面，身体则是形式多样、可以分解的，“根本没有定式可言”。我们从《斐多篇》中得知，在身体死亡以后，好人的灵魂——它曾小心翼翼地避免肉身的烦乱和情绪的影响——将永远与神灵同在。相反，那些不纯洁的灵魂（生前沉溺于身体欲望和感官娱乐）会在坟墓之间游荡。“由于摆脱不了对物质元素的欲望，他们会再次被囚禁在某种类型的角色中，这可能是他们生前所豢养过的某种动物”。例如，贪吃者和好色之徒将会发现他们会转生为驴，而不公正和专制的暴君将会化身为狼或鹰。即使那些生前有善举、讲正义并且生活节制的人，如果他们“不修习哲学，背离了绝对纯洁”，也无法升入天堂与神灵为伴；他们必须再返回人身，很可能成为善良和体面的人，但需要努力从感官错觉的束缚中解脱出来。

相比之下，苏格拉底之死只能算是一个小问题，因为这只是一次大解放让人苦恼的序曲；由此他得以最终抛却这个繁重的肉身，使得其灵魂、自我，或者说前世就存在的那个人，重返那智慧的领域，那是理念的居所。对于柏拉图来说，永生不再是少数人因其英雄行为而得到神祇褒奖的独享权利；理性取代了物质性，身体的胜利被智慧的胜利所取代。在《理想国》（*Republic*）中，柏拉图甚至把灵魂和城邦做了一个类比，将一个正常发挥作用的灵魂比作一个城邦的理想状态。他认为灵魂是三位一体的：感官欲求位于低级层面，精神类因素居中，理性元素高居其上，它们分别对应着一个秩序井然的社会中的最底层、军人群体和统治者群体。灵魂中的理性成分总是超越具体形式，并通过人类智慧显现出来，以其独特的力量去探知永恒的理念或共性。柏拉图教诲人们，真实只在我们心中，是灵魂对不变的事实进行意识反映的产物；如果没有身体，任何人都不会热切地追求思想的永恒，柏拉图的理论至少具有简单清晰的优点。

质料与形式

在柏拉图的学生中，最杰出的当数亚里士多德（Aristotle，公元前384—前322年）。他原来是柏拉图“学园”中的一名成员，后来在雅典创建了自己的学校——吕刻俄斯（Lyceum）。亚里士多德不认同柏拉图的主张，他不认为身体是灵魂的拘羁之所，试图恢复人格同一性的一元论理论。他的《灵魂论》（*De Anima*）主要致力于研究心理状态是否也是属于身体的物质状态。在这本书中，亚里士多德创立了一个哲学概念——“形式质料说”（hylomorphism），这是一个希腊语中的复合词，用于表达质料和形式的某些观念——它将实体（sustance）理解为质料（matter）和形式的一种合成物。例如，砖头和砂浆就是一座潜在的房子，但是在房子的具体形态出现之前，必须先赋予这些材料一种形式。

亚里士多德认为，灵魂是一种实体形式，是生命体内一个不变的维度，它使得这些生命体，或者按这个理论讲就是原初的质料，真正活起来了。因此，质料是一个自然身体的潜在本质，灵魂是其生命的本质，是所有生命体——植物、动物和人类所固有的。根据亚里士多德的观点，植物具有营养灵魂或生命的本质，而动物除了营养灵魂之外，还具有感觉灵魂（感觉和情绪），而人类灵魂则是三位一体的：营养灵魂、感觉灵魂和理性本质。最后一个特性的确非常特别，它赋予人类数学推理，以及进行抽象思考的能力。对亚里士多德而言，最重要的是身体和灵魂作为复合性实体的存在，而不是柏拉图所说的单独实体。他否认灵魂先于实体存在于先验理念王国，并以一种独立的方式起作用，而这却是柏拉图形而上学理论的核心原则。尽管亚里士多德愿意推测，“努斯”（nous，即理智）的一个方面可以脱离身体而存在，并且不会随身体而消亡，但这并不等同于柏拉图所谓的个人永生，因为“努斯”是一种普遍的理性能力。

遗赠

基督教教派早期的领导人深受希腊哲学中关于人类本质的思想影响，这是因为他们发现它在验证死后复活的基督教教义时很有用。迦太基的德尔图良（Tertullian of Carthage，公元 160—220 年）认为灵魂是由身体产生的，是由物质元素组成的，但这一观点很少有人赞同。亚历山大的奥利金（Origen of Alexandria，公元 185—254 年）认同柏拉图的观点，认为灵魂是非物质的、永恒的，形成于身体成型之前；以将《圣经》译成拉丁文而闻名于世的圣杰罗姆（St Jerome，公元 347—420 年）则主张无形和永恒的灵魂形成于受孕之时，这个观点后来在天主教教派中非常流行，现在仍然影响着他们对堕胎问题的立场。希波的圣奥古斯丁（St Augustine of Hippo，公元354—430年）对后来教会教义所产生的影响无人能及，他将柏拉图的观点向前推进一步，认为灵魂虽然不是永恒的，但是也不会灭亡，它栖于身体之中，酝酿着更强大的能量，而这是实现救赎的一个必不可少的先决条件。在第3章中，我们将看到，对这些具有影响力的领路人来说，将希腊哲学思想大规模融入教会的教义中，是在这些问题中寻找真理的一条于事有补但又不够充分的路径。最后，个人还是要越过脆弱的理性，去接受一个近于奇迹的戏剧化叙事。

圣托马斯·阿奎那（Thomas Aquinas，1225—1274年）是中世纪盛期最具影响力的经院神学家。在13世纪，他充分利用了西欧对于亚里士多德思想的再认识。阿奎那凭借一己之力将亚里士多德的“形式质料说”正式引入天主教的教义中；他紧步亚里士多德的后尘，肯定灵魂的能量是分层次安排的，是以营养和生殖权力为基础的。人类同动物一样，都拥有视觉、嗅觉、运动、触觉和情绪等感官能力，但是理性能力是上帝为人类所独创的，这包括演讲和抽象思维的能力，还有以善和上帝的神示为目标的意志。

对阿奎那来说，道德是吸引我们向善的作用力，与我们对能推进善的行为而做出的理性判断的相互结合。像亚里士多德一样，阿奎那声称形式或灵魂赋予事物有效的力量，并引导其发展。生命体天生就会追求其与生俱来的目的，就像橡子会长成橡树、毛毛虫会变成蝴蝶一样，人类最终会和神圣的真理或上帝汇合。这种认为宇宙存在目的的模式，奋力越过了这条存在巨链，让人类享有了前所未有的特权，让他们成为被“赋予灵魂”的演员，在一出独特而神圣的、包含着生命、死亡和最终解决方案的生命戏剧中演出。这出戏剧是在一个相对较小的舞台上演出的，首先被埃及一位希腊裔天文学家、数学家和地理学家托勒密（Ptolemy，公元85—165年）

所认识。他的地心说将这个世界描绘成一个有限的、自然封闭的、存在等级的图景，是对早期基督教神人同形同性论的自然补充。

这样一来，古代自然科学的主要观点就同基督教对于人类在上帝创世中所处位置的描述很好地结合了起来。但也许对中世纪的基督徒来说，亚里士多德理论的最大魅力在于，它肯定了物质性人体的本质功能。基督徒被教导要庆祝身体创造的善，这是神圣行为的产物。如果就像亚里士多德所认为的那样，身体是灵魂实现其功能的一个必要载体，那么人类为了圆满实现其目的，这些组成部分就都是必要的和互补的。在阿奎那看来，灵魂使得身体能够行动，因此是先于身体而存在的，也因此可以独立于身体而单独存在，但只能以一种不完整的方式存在。对阿奎那以及中世纪的基督徒来说，这种完整只能等到复活之际才能完成，届时两者就将在与圣父上帝的伟大交流中再次结合。

物质问题

对于那些坚信存在死后世界的个体来说，灵魂与肉体毁灭的威胁是一种最终处罚，甚至是对那些恣意挥霍生命的人来说也是一种痛苦和惩罚。20世纪的哲学家马丁·海德格尔（Martin Heidegger）敏锐地观察到，尽管我们中的大多数人都明白“人皆有一死”，但却很难承认它对我们自己的重要性，特别是涉及灵魂与肉体的毁灭时。但是与亚里士多德差不多同一时代的古希腊哲学家伊壁鸠鲁却辩称，这是错误的生活方式及结论。伊壁鸠鲁最常被人们与享乐主义［hedonism，源自希腊神话中的享乐女神赫多涅（hedone）］联系在一起，他主要感兴趣的是如何在生活中消除生命中的身心痛苦而获得幸福。且不论他的观点如何被现代漫画所嘲讽，他和他的追随者们坚决反对自我放纵的生活。事实上，伊壁鸠鲁深信，我们不快乐的原因很多是非理性的恐惧和错误的欲望导致的，他将奢侈和个人的无节制直接归于后者。他的总体目标是让身体免受伤害和让心灵无忧无虑，他确信如果人类不能正确理解死亡，就永远无法实现心理平衡。他的道德工程意在根除这种恐惧。

伊壁鸠鲁的解决方案首先是要确保正确理解自然现象。“如果一个人不知道什么是宇宙的本质，但又对一些神话故事的真相心存疑虑，”他写道，“那他就无法不对最重要的事情感到恐惧和担心。”在伊壁鸠鲁看来，德谟克利特（Democritus，生于公元前 460 年左右）的唯物主义原子论对自然世界提出了最合理的解释。德谟克利特声称，一切事物都是由细小的、不可分割的粒子或原子聚合而成的，感官世界所有的变化都可以归因于原子之间的关系的细微改变。死亡也是这样的变化之一，是特定的原子排列分崩离析，从主观角度来看，生命的终结就是世界末日。“要习惯于相信死亡对我们来说是无足轻重的，因为一切好与坏都存在于感觉之中，而死亡是对感觉的剥夺。”

死亡之后的非存在并不可怕，就像我们在降生到这个世界之前也不会惊恐和担心一样，因为那时我们还没有意识。有了原子理论护航，德谟克利特坚称人类对死亡的恐惧，甚至人类谈论这个话题都是错误的，“因为当我们存在时，死亡还没有来到；而当死亡来到时，我们已经不存在了。因此，死亡对于生者和死者来说都是不相干。因为对于生者来说，死是不存在的，而死者本身已经不再存在了。”生命在死后只不过是永恒不变的原子回归到另一个状态，以另一种形式重新排列和显现。理性的人会明白，“无限的时间远不如有限的时间包含的快乐多”，因而他们追求一种怡然和悦的生活状态，不再害怕死后自身不复存在。在这个古老的文明中，当阴森的地狱说还充斥于有关来世的大多数讨论中时，伊壁鸠鲁另辟蹊径的学说对他的同时代人不无吸引力。现代哲学家杰弗里·斯卡里（Geoffrey Scarre）将伊壁鸠鲁派对于死亡的观点简要概括为“主体不存在的状态”。

罗马诗人卢克莱修（Lucretius，公元前94—前55年）在他的长诗《物性论》（*De Rerum Natura*）中大大推进了伊壁鸠鲁学说的广泛传播。卢克莱修赞扬伊壁鸠鲁是第一个“抬高了凡人摈弃迷信的眼界”的人，他坚信人只有“了解了大自然的外在形式和内在运作规律”，才能驱除“心灵的恐惧和黑暗”。他仅凭感官的证据，挑战了“人类的每个转折点都被喜怒无常、胡作非为的神祇威胁着”的整体观念，转而着手证明世界及其运转是自然原因的产物。

因为在卢克莱修看来，思想和精神都是由物质组成的，死亡只不过是物质实体的分解罢了，并最终会降解为基本的原子部分。“既然将眼睛从身体上移除，眼睛就再也看不见了，那我们也可以认为精神和思维本身是无能为力的”。正如我们所知的，在越过“长度不可估量的时间”之前，那些原子零件可能会再次结合起来，这是一个永恒进行的聚与散的过程，但是我们的记忆中不可能记载这些内容。卢克莱修认为，人类之所以恐惧死亡，是因为把在这一生所经历的恐惧和不幸都外推到了另一种状态中，其实在后面的这种状态之中，这样的感觉或者意识都是不可能存在的。一旦身体和精神的分离，“就不会再有任何风险”，并且“人一旦不存在了，就不会再受苦了”。幸福和悲伤、爱和蔑视、快乐和痛苦、记忆和欲望，一切都将烟消云散。

卢克莱修思考了那些生命即将终结的人所怀有的遗憾，以及所爱之人离开之后生者的哀恸和悲伤，但即使这样，他还是给出了一个更为智慧的平衡公式。“如果死亡是回归睡眠和宁静，那为什么还要悲痛得伤心欲绝呢？”我们的担忧和苦恼宣告结束，痛苦和悲伤被永远放逐。至于对所爱之人离世的悲恸，卢克莱修让自然之父

（Nature）发出了斥责：

> 凡人，你究竟有什么严重的不幸，
> 值得你浸沉在如此的悲哀和怨诉中？
> 为什么要为死亡而哭泣号啕？
> 如果你旧时的生活是可喜的……
> 那你这可怜的东西为什么不像客人那样告辞呢？
> 他已经受尽生活的款待，
> 为什么不带着平静满足的心情，
> 现在就接受这无忧无虑的安息？

我们对这个世界的欲望永远得不到满足，“没有人知道他真正想要什么，每个人都永远在试图摆脱他原来的位置，就好像即使动一动，也可以甩掉身上的重负”。用后来的斯多葛派的话说就是，卢克莱修要求我们诊断导致我们忧郁的根本原因，那就是“这可悲的生活欲望”以及试图通过消遣和快乐来逃避死亡的徒劳无果的追求，到头来终究永远是一场空。

斯多葛学派的默认

对于那些对死亡的意义感兴趣的人来说，假如认为希腊哲学为其提供了大量选项，那么与之相反，对于其生命中最为复杂问题的破解之道，罗马信仰体系极少发表意见。而一国的官方宗教主要关心的是，如何落实好那些有关敬神仪式的思想，以获得神的保护，同时避免神祇发怒，这才是必须做的事情；至于道德和形而上学的问题，那是哲学家的职责范畴。宇宙的性质是什么？人类在宇宙中的地位如何？如果诸神真的存在，那他们对我们的事务有兴趣吗？如果有的话，那么我们彼此之间的义务又是什么？在坟墓以外，我们的终极命运又是怎样的？斯多葛学派的很多成员都隶属于罗马统治阶层，受过良好的教育，他们成为这些以及其他重要问题答案的主要来源。

斯多葛学派是由基提翁的芝诺（Zeno of Citium，公元前 334—前 262 年）于公元前 4 世纪早期在希腊创立的，并且由其追随者克林斯（Cleanthes，公元前 331—前 232 年）和克吕西波斯（Chrysippus，公元前 280—前 206 年）发展成为一个伦理体系的。斯多葛学派强调顺从自然，主张过一种充满严格的自律和美德的生活。就像伊壁鸠鲁派一样，斯多葛学派也是形而上学的唯物主义者。他们将一切外物，乃至思想，都还原到物质实体的范畴，认为宇宙是一个单一的统一原则——即上帝——的作品。尽管斯多葛派将上帝等同于一种物质形式，但是同时也视上帝为绝对理性的代名词，因此反过来又意味着包括人类在内的上帝作品都受到理性的影响。理性人认为身体和灵魂是同一种物质，身体所产生的思想源自灵魂中的感觉，灵魂在体内制造运动。

斯多葛派哲学关于死亡最著名的观点，可能是由罗马政治家和哲学家塞涅卡（Seneca，公元前 3 年—公元 65 年）提出来的。他在专题演讲《论生命之短暂》（*On the Shortness of Life*）中警告说，人不该虚掷自己所享有的生命中的每一个日子，否认了“将生命的短暂等同于普遍的邪恶”这一论点。作为尼禄皇帝的前导师和顾问，塞涅卡后来被这位昔日的学生逼迫自尽；在他看来，自然给予每个人适当时间的生命。我们的错误在于我们对某些事情过于痴迷、容易三心二意、难以控制自己滥用时间的行为。“生命并非短促，而是我们荒废太多。一生足够漫长，如果能悉心投入，足以创造丰功伟绩”。但对那些因朝三暮四而浪费了光阴的人来说，步入老年就会发现生命充满遗憾。在时光的尽头，当疾病提醒他们死亡将近时，“他们是何等害怕，仿佛他们此生不是在度过光阴，而是在消磨时光”。聪明人会将生活安排得井井有条，其意义非常明确，在于“会毫不犹豫地迈着坚定的步伐去迎接死亡”。对自己的人生没有睁一只眼闭一只眼，只有这样的人才算真正活过了。塞涅卡在一封写给他的朋友卢基里乌斯（Lucilius）的信中，坚持认为自杀是一个合法的、合理的选择，不仅对那些生活窘迫的人来说如此，对包括那些“重视生命的质量，而非数量的人”也同样如此。一个人何时去世，对于聪明的人来说无足轻重。“安详地离开人世，”他写道，“就是逃避不义生活的危险。”

在塞涅卡看来，将凡人的生命延伸到永生的关键在于，回望过去，将每个时代融入自身的体验中。如果我们能够超越转瞬即逝、岔路遍布的现在，就可以与那些“比我们更好的人”培养持久的友谊，成为长期的伙伴。与现在这些熟人不同，过去这些伟大的思想者“不会因太忙而没空见你”，或者让你空手离开。我们可以从他们身边带走那些我们想要的东西，他们的人生经验将变成我们的。塞涅卡很认同这一普遍的说法，即“我们不能选择我们的父母”。但他也会提醒他的读者，他们可以选择自己想要成为谁的孩子。正确的养父母“将引领你踏上一条永生之路，将你提升到某个任何人都不会感到气馁沮丧的高点”。

在众多论述过死亡这一宿命问题的斯多葛派哲学家中，最后一位是公元 2 世纪的罗马皇帝马可·奥勒留。公元 180 年，马可·奥勒留在经过 13 年孤独的军事指挥生涯之后，在 59 岁时因身患传染病，在多瑙河边境指挥战斗时逝世。奥勒留被后人称为最后一个“好皇帝”，他编纂了一系列思考的箴言，声称这是跟“自己的对话”，但我们将其称为《沉思录》（*Meditations*）。在这部著作中，他假设自然将会在指定的时间，把每一个具有物质性的躯体分解掉，并将那些身体零件用于其他目的。死亡不仅应该被理解为一个自然过程，而且还应被理解为“对大自然的福祉做出的积极贡献”。理性的人“以一种高贵的姿态等待死亡，不把死亡看作别的，而只是把其看作组成一切生物的元素的分解”。至于死后，只存在两种可能，两者都不能说不愉快。“如果的确是航向另一个生命，那就到处都有神，甚至‘在那边’也有。但如果最终进入一个无知无觉的世界，‘你将不会再受痛苦和快乐的掌控，不再是这个骨灰瓮里的奴隶”。无论是哪种方式，死亡本身都是一件好事情，对于一个坚守义务的人生而言，这是一种可以接受的生命结束方式。

一种新的自然观

到了中世纪晚期，哲学家和神学家就具体的对象与他们所谓的永恒的原型之间的关系展开了激烈的辩论。柏拉图流派的哲学思想认为，具体的物是感官认识的对象，与他们那个只能通过理性把握的永恒的原型比起来，这些具体的物显得不够真实。例如，就像有具体的树木和树的原型一样，也存在具体的人和理想的人。现实主义者声称，具体不如共性更真实，而他们的对立面（被称为唯名论者）则坚称共性只不过是一厢情愿的想法，是从具体实例中建构出的广义的心理结构，在观点提出者的思想之外并不存在这样一种现实。

从某种程度上来说，很难将这种专业的学术争论与对死亡和来世的看法关联起来。但是许多重要的教会教义都认可了现实主义关于生命和死亡的立场。例如，每个人都生而有罪，以及绝对需要基督为救赎罪恶做出牺牲，这些都是基于一个假设，即所有人都继承了亚当原罪的污点——所有人概莫能外。圣奥古斯丁在其著作《上帝之城》（*City of God*）中提出一个权威观点，相对于至高无上的“上帝之城”，“世俗之城”是微不足道的，这证明了现实世界的局限性，以及关注天堂这一永恒领域的重要性。神学研究是大学的核心课程，是科学的女王，因为它探讨的是永恒不变的、普遍的真理，以及表象背后的现实。任何认为全部现实就是由具体事物和感官处理的对象构成的观点，都将威胁到教会等级森严的整个大厦和静态的世界图景。

彼得·阿伯拉（Peter Abelard，1079—1142 年）和托马斯·阿奎那试图在这场辩论中建立一个中间立场，声称共性是偶然的，在感官世界里先于特殊事物存在于上帝的思想中。当人类思考共性时，他们就以最低层级分享了上帝的思想。但是，或许奥卡姆的威廉（William of Ockham，1285—1347 年）是对这一妥协立场最重要的批评家，他提醒人们要防备任何有关上帝受限于假定的永恒观点或理性命令的暗示。对于奥卡姆和其他唯名论者来说，上帝创世是选择或者神性意志的活动，不能用公式或预先确定的模式来描述。上帝的全能意味着，我们努力在表象之外理解现实是一种无谓的追求。像奥卡姆这样的唯名论者坚持认为，天启是宇宙真理的唯一来源；通过哲学和理性得出的结论只能与这个世界有关，这是一个不断变化并会朽烂的世界，而不是一个永恒和实在的世界。

13 世纪，随着亚里士多德作品的复兴并被译成拉丁文，唯名论者的观点无形中推进了宗教和寻求真理的科学方法两者之间的分离。不再纯粹从象征性的角度来看待物理现象，即不再将其与更高的现实神秘地联系起来，对自然的研究现在可以开始以独立的方式进行了。对自然界本身的兴趣，以及改善人类状况的愿望，开始影响到体验的方方面面——甚至是死亡体验。也许死亡也被认为是一种自然事件，是与神学中所谓的亚当原罪无关的事情。或许就不存在这样一个作为原型的人，他们的子孙后代也无须永远背负原罪的惩罚。

掌控物理自然

这是中世纪晚期思想的一个共同假设，当时古希腊和古罗马的古典著作被重新发现和整理，为共同的知识宝库添加了更多新的内容。一个本质上理性的上帝创造和维系着这个宇宙，现今人们可以通过他的作品和话语去了解他。文艺复兴和宗教改革时期（15 和 16 世纪）的很多方面都代表了向欧洲文明的智慧与精神之源的回归。但在自然哲学（或者称为自然科学）的领域，一场大变革动摇了几个世纪以来占统治地位的亚里士多德物理学和宇宙学的地位，对自中世纪以来早期教会一直散布的人类在宇宙中地位的观点造成了冲击，最终使其崩溃坍塌。这一结果将对思考死亡的本质产生重要的影响。

正如我们所见，亚里士多德的科学观认为，实体的形式和质料结合在一起，使事物成了它们注定会成为的样子。这种目的论的观点认为，事物都会努力实现它们的自然目的，并将整个宇宙视为有意识寻求更高目标的根源。2000 多年以来，大多数思想家在对宇宙的理解上都受限于规模、层级性以及君主治理。天使、精灵和神的恩典为其注入了生机，上帝创造的这个世界充满能量，生生不息。太阳、月亮和行星围绕地球转动，地球是宇宙的绝对中心，以完美的同心圆方式有规律地运动，影响着我们的日常生活。最后，整个的创造过程是由主要的推动者（上帝）进行微观而具体的管理的，他热心于人类的福祉，同时也会迅速地惩罚那些拒不承认其权威的人。

从 16 世纪中期到 17 世纪末，关于自然的一个新观点逐渐产生。在尼古拉斯·哥白尼（Nicolaus Copernicus，1473 —1543 年）、第谷·布拉赫（Tycho Brahe，1546—1601 年）、约翰内斯·开普勒（Johannes Kepler，1571—1630 年）、伽利略·伽利莱（Galileo Galilei，1564—1642 年）和艾萨克·牛顿（Isaac Newton，1642—1727 年）等人的著作中，物质和数学夺取了目的论的角色，以及其成为打开理解物理世界之门钥匙的最终原因。个人不再寻求微观世界和宏观世界之间的神圣对应与联系，以及所有事物之间所谓的相互关系。一本关于自然的纯粹机械论的著作就是以数学语言写成的，它只是从无生命物质的视角进行研究，认为事物自身没有什么需要实现的目的。那些作为科学研究对象、可观察到的属性，不再给任何非物质性的本质留下存在的余地，而味道和颜色之类的第二性则被归为大脑的主观性功能。古希腊和罗马原子论者之间突然产生了关联，他们放弃了非物质实体，重新踏上了一条努力建立理性的自然科学和人性的道路。在这个新的智慧环境中，随着哲学家努力探索意识和机械化自然之间的关系，亚里士多德共识让位给了改进版的柏拉图二元论。

笛卡尔的身心二元论

1650 年冬天，在位于斯德哥尔摩的大使官邸中，法国驻瑞典大使赫克托 – 皮埃尔·沙尼特（Hector- Pierre Chanut，1601—1662 年）照顾着他的朋友和导师勒内·笛卡尔（René Descartes），后者已处于生命弥留之际。笛卡尔当时还不到 54 岁，但他作为一位革命性思想家的声名已经被完美地确立。这位伟大的数学家和解析几何创始人正急于构想出一种普遍的科学探索的方法，并致力于最大限度地重新树立古代柏拉图哲学在形而上学二元论上的威望。简单地说，笛卡尔认为心灵是一种非物质性的存在，与思想一起独立于无生命的物质世界，心灵和物质是两个截然不同的存在，后者的真实性可以被质疑，但是在质疑其存在的过程中，可以证实心灵的真实性。如果我怀疑思维实体的存在，那么所有这些质疑又是由谁发出的呢？

笛卡尔是受瑞典女王克里斯蒂娜（Queen Christina，1628—1689 年）的邀请前来瑞典的。瑞典女王是一位雄心勃勃的年轻君主，倾心结交著名的思想家和学者。笛卡尔与自己的门徒沙尼特在瑞典住了下来，但很快就开始发烧，后来又发展成了肺炎。女王派她的私人医生前去给笛卡尔诊治，但是病人却拒绝接受当时标准的“放血”疗法。当时整个医学体系是由古希腊医生盖伦创立的，根据该体系的理论，所有的疾病都是体液（包括血液、黏液、黑胆汁和黄胆汁）不平衡导致的。这一理论在很久以前就开始遭到质疑，因此，这位生命垂危的病人怒斥医生也就不足为奇了。笛卡尔在其 1637 年出版的主要哲学著作（带有半自传性质）《谈谈正确运用自己的理性在各门学问里寻求真理的方法》（*Discourse on the Method of Rightly Conducting One's Reason and of Seeking Truth in the Sciences*）中指出，对所有听到的意见和教义都应该进行质疑，他呼吁回归到近两千年前苏格拉底提倡的方法。笛卡尔致力于“决不能把任何我没有明确认识到其为真的东西当作真的加以接受……小心避免仓促的判断和偏见，只让那些十分清楚明了地呈现在我心智中并且我根本无法质疑的东西纳入我的判断中”。一个认真的真理追求者必须重新一步一步地为知识大厦添砖加瓦，这些清晰而独特的见解都是从更为复杂的原则的一砖一瓦中得出来的。

我们现代人习惯把灵魂与思想混为一谈，又把思想和人类自我认同等同起来，而这一习惯就始于笛卡尔。笛卡尔打破了柏拉图和亚里士多德的观念，认为没有理由承认非人类的动物也有灵魂，认为它们仅仅是复杂的自动装置而已。他的方法非常大胆，其优势在于与基督教的灵魂观并行不悖。但笛卡尔面临着一个不小的问题，那就是诸如人类灵魂这种非物理性的思维实体是如何与人体这种无法思考的物理性实体相互作用并引起后者改变的？例如，在一个陡峭的下坡路上，我想要刹住自行车的愿望是如何在我的大脑和肌肉中引起变化，从而变成刹车动作的？反过来，身体感觉如何能影响非物质的灵魂？因为漫不经心而从自行车上摔下来引起的疼痛又如何变成了尴尬的感觉呢？

这个问题自从笛卡尔首次提出以来，已经困扰了哲学家们四个世纪之久。根据自己所做的解剖实验，笛卡尔给出的解决方案是：真正的笛卡尔——这个能够思考的存在，与肉体之间的联系存在于松果体—— 一个位于大脑底部的小器官。笛卡尔的批评者立即予以反击，指出哲学家提供的观点只相当于一个主张而非证据。这种辩论今天仍在继续，因为随着科学的发展，反对二元论假说的证据越来越多。严重脑损伤会影响人们的推理功能和执行能力，酒精会给胎儿大脑发育带来不良影响，阿尔茨海默病会随着时间的推移摧毁病人的思维和记忆力——发生在这些有机体上的不幸都会侵蚀我们的本体，对我们的思维世界产生不良影响，想必还影响着我们的思维或灵魂的自主性。

尽管存在理论上的混乱，笛卡尔确信灵魂不仅存在而且是不朽的，也可能用理性加以说明。他认为这将“取决于整个物理学的说法”时，但他从来没有提出必要的论证，不过在一封写给一位不知名的记者的信中，笛卡尔声称，只有由可以分开的部分组成的实体才具备易腐性。灵魂的统一性让他得出这样的结论：“虽然身体很容易死亡腐败，但心灵的本质是不朽的。”这只有一个条件限制。1640 年 12 月，在写给他的终生挚友马兰·梅森（Marin Mersenne，1588—1648 年）的信中，笛卡尔承认他无法证明上帝不能毁灭不朽的灵魂——“这（不朽）是宗教必须有的基石，也是我竭尽全力试图证明的”。最后，对慈爱的上帝宣示的忠诚，使得毁灭的可能性是不可想象的。

多方辩论

许多与笛卡尔同时代的人都参与了一场很快变成当时的哲学问题的讨论。皮埃尔·伽桑狄（Pierre Gassendi，1592—1665 年）认为，人类既有非物质性的灵魂，也有物质性的灵魂。后者产生实际性效果（比如知觉和繁殖），而前者使自我反省和普遍性的知识成为可能。英国人托马斯·霍布斯（1588—1679 年）不同意这一观点，他认为人类的身体就像自然界中的所有物体一样，由运动中的物质所推动，无法预知这股力量何时会结束。不仅人类的灵魂，甚至天使乃至上帝，都是某种物质性的存在。1689 年，哲学家约翰·洛克（John Locke，1632—1704 年）在其所著的《人类理解论》（*Essay Concerning Human Understanding*）中指出，物质也具有思维能力，这立即遭到了正统人士的批评，他们指责洛克接受了霍布斯的机械唯物主义。洛克反驳称他只是肯定了上帝的无所不能。但是很少有人相信这一说法。半个世纪后，法国伟大的哲学家伏尔泰（Voltaire）仍然坚持为这一观点做证，坚称洛克“并没有说物质也能思考，他只是说我们不懂得如何证明，上帝不可能在赋予重力和运动之后，再把思维这一礼物加于被称为‘物质’的未知存在上，这同样是难以理解的”。

1677 年，荷兰哲学家巴鲁赫·斯宾诺莎（Baruch Spinoza，1632—1677 年）试图在他的主要著作《伦理学》（*Ethics*）中解决二元论者和唯物主义者之间的争议。根据斯宾诺莎的观点，笛卡尔正确地区分了精神和身体特性，但是他错在认为这两者都是截然不同的物质属性。斯宾诺莎废除了两者之间的因果关系，声称精神和物理现象虽然对人类来说截然不同，但实际上都是上帝这一单一物质的属性。根据这个大胆的理论，似乎精神事件导致了身体行为，但实际上这是单一的统一现实的一部分。法国天主教牧师尼古拉斯·马勒伯朗士（Nicolas Malebranche，1638—1715 年）提出了一个类似的模型，即偶因论学说（Occasionalism），声称上帝安排了精神和物理事件之间的因果关系。看起来似乎是我的意识命令我的手从一个热的物体表面挪开，这一物理运动实际上是上帝发出的行动命令导致的，并且让我们产生了是我们的意识在自主行动的感觉。德国数学家和哲学家戈特弗里德·威廉·莱布尼茨（Gottfried Wilhelm Leibniz，1646—1716 年）做出了另外一种解读，被称作“心身平行论（psychophysical parallelism）”。莱布尼茨指出因果关系的表象实际上是心灵和身体之间完美和谐的活动，这其实是上帝预设好的。心灵和身体是两种本质一样的东西，从人类不完美的角度来看，是不可扩展的、无穷小的单孢体之间的交互作用产生了这些表象。

法国科学家和数学家布莱兹·帕斯卡（Blaise Pascal，1623—1662 年）或许认识到对精神与物质的因果关系下任何结论都会有困难，因此他提出了著名的所谓“赌注”理论。他指出，一个人格化的上帝对人类有着特别的兴趣，创造出这个世界作为舞台，以供人类上演希望和恐惧。在他的名作《思想录》（*Pensées*）中，帕斯卡宣称，如果没有精神生活层面的维系，人类就会失去存在的意义，人类需要有上帝的存在以帮助自己摆脱恐惧和不确定性。他将人生之旅比作在浩瀚广阔的大海中航行，每个人“对于无穷而言就是虚无，对于虚无而言就是全体，是虚无和全体之间的中间项”。我们每个人都渴望稳定和安全，试图找寻有关存在的目的这一最根本问题的答案，然而理性的人无法找到令人信服的、仁慈的上苍存在的物理性证据：

> 这就是我所看到的并且让我感到困惑的事情。我向四方眺望，看到的只有黑暗。大自然呈现给我的，无一不是疑惑和让人不安的东西。如果我看不到任何显示神性的东西，我就会得出无神的结论；如果我到处都可以看到造物主的迹象，我就会在信仰中获得安宁。然而，我看到可以否定的东西太多，而可以相信的东西太少，因此，我就处于一种可怜的状态。

根据帕斯卡的观点，理性的人明白人类存在的本质蒙蔽了人类有关世界最初萌芽以及无穷的知识，必须在相信上帝的存在上下赌注。毕竟，如果信徒的信仰是错误的，那他们死后也没有失去什么，因为毁灭是我们的命运；但如果上帝真的存在，而且祂对人类的允诺是真的，那信徒将获得永恒的幸福作为回报。另一方面，对于没有信仰的人来说，如果他或她的假设最终被证明是正确的，其本人并没有失去什么，但如果证明错了的话，那就会面临永远被诅咒的风险。一个简单的风险－效益分析就足以让理性的人们同意上帝以及祂让人类不朽的承诺都是真实的。

来自启蒙运动的怀疑

很少有人离世时会受到大众如此的关注。在美国宣布从英国独立出来后一个月，苏格兰颇具影响力的、时年65岁的哲学家和历史学家大卫·休谟（David Hume）在爱丁堡的家中也处于弥留之际。人们聚集在他家的门外，期待这位伟人能在最后一刻放弃他那邪恶的“奇迹难以令人相信”的观点，以及更重要的“人类灵魂必死”的观点。后一个观点最早引起公众的注意是在1755年，当时一篇名为《不朽的灵魂》的文章有为数不多的副本在正式出版前开始流传开来，虽然这部分内容被从他名为《论文四篇》（*Four Dissertations*）的作品中拿掉了。但这篇论不朽的文章最后还是在1783年——也就是美国与英王乔治三世时期的政府签署和平条约、美国独立战争胜利结束的那一年，连同另一篇有争议的关于自杀的文章，以已故作者的名义一起出版了。

对于那些聚集在休谟家门外见证他去世的人而言，结果恐怕不甚满意。著名经济学家、同为苏格兰人的亚当·斯密（Adam Smith，1723—1790年）是休谟交往多年的密友，他曾写到，休谟的快乐“及其最完美的自得其乐和顺水推舟”，一直持续到其生命的尽头。斯密讲述了一个相当幽默的场景：休谟的医生告诉病人，他会通知他们一个共同的朋友，告诉他休谟的病情有所好转了。休谟不同意，他告诉医生：“我相信你会说出真相，你最好告诉他，我会像我的敌人所希望的那样快点死去，如果我有敌人的话；也会像我最好的朋友想得那样，安详而愉快地死去。”不久以后他就去世了，如果他的观点完全准确的话，那他这一走可谓了无牵挂了。

作为曾经的经验主义者，休谟在其论文中坚持认为感官体验是人们唯一的知识来源，在形而上学、道德和身体的基础上对不朽这一观点提出异议。休谟认为，单靠理性，人们无法证明灵魂不朽。由于潜在的根本物质的概念是“完全令人困惑的和不完美的”，我们不可能对物质和精神的内在力量或者特定品质有确切的了解。我们可以将已知的身体的命运与非物质的灵魂的命运做一个类比，根据经验可知，身体一旦死亡，就会分解，最终再被大自然吸收；至于无形的灵魂的命运，有迹象表明它是会落在灵灭论这边的。例如，休谟要求他的读者考虑一下古斯多葛学派的立场，他们相信精神物质或缥缈空灵的火在整个宇宙中弥散开来。就像个人的身体在死亡以后分解，继而成为新动物的组成元素一样，个人的灵魂意识死后也一样会分解，重新分配给新的生命。但是新生命无从辨别这个重构的物质或精神，也不知道以前的身份。“因此，如果灵魂是不朽的，那么它在我们出生之前就已经存在了；如果我们不关心前一种存在，那么也就不该关心后者”。

在休谟看来，对灵魂不朽所做的道德辩护也同样有问题。例如，大家普遍认同上帝会奖励公平正直的人和惩罚邪恶之人，这缘自造物主的拟人化品质，但这却没有反映在祂所创造的宇宙中。“我们可以断言，无论我们得知神真正做了些什么，都会认为那是最好的，这样说自然很安全；但是如果断言，神始终会做那些对我们最好的事情，这样说却是危险的。”对天堂和地狱的描述假设存在两种截然不同的人——好人和坏人，“但绝大部分人游走在善与恶之间”。一个公正的上帝怎么用“永恒和无限的惩罚”来处置这些变化无常的人呢？鉴于高居不下的婴儿死亡率，将世俗生活作为一个试验田的想法似乎不能成立，因为有一半的人类都会在“成为理性动物之前”就死去了。

因此，休谟指出一个事实，即一切事物都处于紧密联系之中。我们可以看到一个对象的改变也会对其他对象产生相应的影响。婴儿时期身体和心灵都是极为柔弱的，年龄增长以及身体疾病都会影响到思维的清晰度，在深度睡眠中不存在意识——所有这些现象都意味着人死亡之后会彻底分解。这甚至就像树木如果泡在水中就会朽烂，鱼离开水就会死亡一样明了，“身体以及思维和感觉器官的分解可使灵魂产生如此巨大的变化，这一变化能在身体全部分解之前就发生，我们还能想出什么理由呢”？就像帕斯卡一样，在大卫·休谟看来，理性不能带领我们跨越永生的门槛，“既然我们没能发现其他媒介可以确定这个伟大而重要的真理”，那就只有笃信神圣天启的真实性，才能给我们带来这样的福音。休谟和18世纪启蒙运动中的许多其他重要人物都偏离了帕斯卡的思想，因为他们不愿意打赌。在完全没有任何经验证据的情况下，他们选择了不可知论作为唯一的理性选择。

科学、身体和文化

19世纪人们在地质学和生物科学方面进行的开创性工作，使得人类的独特性以及人类自认为的有“灵魂”的生物地位，遭到了也许是最强劲的批判。地质学家和古生物学家针对化石遗迹的意义以及表明一些物种已经灭绝的物理记录的意义展开了激烈的辩论。那些所谓的“灾变论者”支持《圣经》中世界曾经被海洋吞没的记载，而另一些被称为“均变论”者的人则指出，在历史的长河中，自然界的力量不可能与基督教的《旧约》中的文字记录相一致。查尔斯·达尔文（Charles Darwin，1809—1882年）所提出的突破性的进化论对生物学和我们的时间观念的意义，不亚于牛顿的理论对物理学以及我们的空间观念的意义。1859年，达尔文发表的《物种起源》（*On the Origin of Species by Means of Natural Selection*）强调了人类和其他动物之间的连续性，对《圣经》中所记载的上帝造人的观点提出了质疑，将人类与一个在数千年中漫无目的地逐渐展开着的过程联系在一起，而非只是一个大约6000年前的孤立行为。1871年，在《人类的起源》（*The Descent of Man*）一书中，达尔文将人类明确纳入了进化范式之内，我们认为的人类的例外性无异于妄自尊大；人类现在所拥有的地位和技能是从还没有成为人类的过往岁月中慢慢演化而来的。

以达尔文的自然主义人类观来看，人类和猿猴的关系比人类和天使要亲近得多；这一观点使得许多非专业人士大为震惊，更不用说宗教机构人士了。“伟大的存在之链”和生命形式从低到高的静态层次消失了，取而代之的是物种在漫长时间里的缓慢转变，它也是意外事件和自然力共同作用的结果。为此产生了一场波及方方面面的激烈争论，并一直持续至今。在反对者中，宗教和世俗人士兼而有之，他们指责达尔文及其拥护者背信弃义，荒诞不经。不可否认，达尔文早期的基督教信仰被他自己的科学调查永远地削弱了。虽然他似乎坚定地支持非教条的有神论思想，认为自然环境的残酷性和偶然性造就了一个指向上帝设计者的战场，但这与达尔文在青年时代所信奉的作为仁慈的缔造者的上帝相去甚远。

格里格·孟德尔（Gregor Mendel，1822—1884 年）和雨果·德·弗里斯（Hugo de Vries，1848—1935 年）在遗传方面所做的后续工作，强调了基因突变和生化因素对遗传的重要性。这一有关自然界的新观点逐渐开始被更广泛的文化群体所接受，并将之整合到集体意识之中。那些超自然的、神秘的观点（救赎大剧亦在其中），与这个横跨几百万年、在道德上呈中立的过程所形成的画面产生了冲突，也没有证明“适者生存”的人类的超验意义，对人类究竟在何时出现也难有定论。也许人的思维本身就是一个漫长进化过程的产物，包括道德观念在内的人类观念都只是人类当时当地所特有的生存策略。也许人类理性本身就是一个需要去理解的特定本质的产物，而非一个中立的、上帝赐予的研究工具。

这些想法势必会动摇信徒信奉的传统的信仰叙事。西方人早已习惯于认为自己比其他生命形式更为优越，在“伟大的存在之链”上仅仅略低于天使和上帝罢了。《诗篇》作者大卫王问道：“人算什么，你竟顾念他？人子算什么，你竟眷顾他？你叫他只比天使低一点，并赐他荣耀尊贵为冠冕。”在达尔文之后，这一问题有了新的含义，但后面的陈述句似乎很难被证明。进化论与19世纪的思想进步潮流相契合，但是通过自然选择取得的进步，可能会等同于偶然性和误打误撞的盲目机会，这对那些深信这个世界是静态层次结构，全来自上帝心中充满爱的设计并且是一次性建造成功的人来说，可算不上什么安慰。

死亡是解脱

1860年，亚瑟·叔本华（Arthur Schopenhauer，1788—1860年）在其法兰克福的公寓中因心脏衰竭去世，享年72岁。他在晚年依然笔耕不辍，增补出版了自己的主要哲学著作《作为意志和表象的世界》（*The World as Will and Representation*）。该书在其30多岁时（即1819年）出版，但被其同时代的人完全忽略了，直到很久以后才被人们所关注。因为此书鲜为人知，叔本华用这样的评论毫不谦虚地安慰自己："无论是谁完成了这样一部不朽的作品，都会因为公众是否接受和评论家意见如何而受到一点小打击，这就像被送进精神病院的正常人一样，他自然会因为受到那些精神病人的斥责而难过。"叔本华相信自己的新颖观念最终会受到严肃哲学家的关注，他认为生与死之间的关系是人性的关键问题之一。

《作为意志和表象的世界》这本书采用了可以追溯到柏拉图的唯心主义哲学家的内省方法来追求真理。叔本华声称，如果一个人能足够深入和专心地认清自己，那不仅会发现个人，还能发现那些一般性的本质，即总体现实的本质。一个人内在世界的结构中包含着永恒的元素，并且可以证明宇宙的最高组织原则。柏拉图将这一原则等同于理性意识和观念。到了叔本华这里就发生了一个激进的转变，他将其称为"意志"——一种位于现实核心的非理性的、激烈的和盲目的冲动。这种"意志"是统一的，作为生存冲动体现在所有的自然力量之中，影响着从无生命的物体到动物再到人类的一切事物。

叔本华深受西方哲学传统的影响，同时又熟悉印度教的《奥义书》（*Upanishads*），他将个体的“意志”同他们避免痛苦、获得幸福和生存的无止境的努力联系在了一起。然而，至少只要我们还被无尽的世俗的欲望所吸引，并且死亡仍是人类不可避免的命运，那这一目标就永远不可能实现。我们的生存意志是“盲目的和非理性的，只能用生存意志是我们的全部本质来解释”。最终我们的欲望只能产生攻击性、自我为中心和破坏性。如果我们对死亡的看法真的是理性的，那我们可以退一步想，我们为何从不会哀叹自己在出生之前的几千年里都不存在这个事实呢？“在我们还不存在的时候，压根不会为有那么漫长的时间流逝而感到悲伤。在现世这个短暂的、转瞬即逝的插曲过后，漫长的时间将再次流逝；但这次我们却觉得很难接受，其实是根本难以忍受。”对叔本华来说，最好的生活只不过是推迟了的死亡罢了，“生命短暂的最可取之处就在于终于结束了个体由于执着于求生而带来的痛苦”。虽然随着死亡的到来，个体生命将不复存在，但是“意志”作为存在的客观本质是不会消失的。叔本华的理论并没有完全摒弃个人意志，他建议我们在生命中培养艺术、审美和道德意识。只有减少对个体的关注，更加关注普遍原则，受害者才能在此生中找到一些安慰和补偿。

新兴的社会科学

在传统上，对人类身份和某种更大目标的质疑，一直是哲学、宗教、文学、历史和艺术的保留领地，但是紧随化石研究和达尔文进化论而来的自然科学和社会科学，开始在讨论中日益扮演起更重要的角色。对社会现象的学术研究（后来被称为社会学）得以产生的部分原因在于，努力理解人类在一定程度上是文化和物质环境的产物。19 世纪最重要的社会理论家当属卡尔·马克思（Karl Marx，1818—1883 年），他摒弃了人类的本质理论，转而勾勒出人类的思想、价值和体系与基本的社会和经济关系之间的联系。

马克思深受路德维希·费尔巴哈（Ludwig Feuerbach，1804—1872 年）思想的影响，后者在 1841 年出版的著作《基督教要义》（*Essence of Christianity*）中坚持认为，上帝作为独立存在而具有的那些人性化的方面，实际上是人对理想自我的一种反思和投射。1830 年，费尔巴哈在其所著的《论死与不朽》（*Thoughts on Death and Immortality*）一书中指出，基督教对于个人永生的信仰，使得人类从彼此之间所应肩负的更重要的职责中游离出来，把我们的注意力吸引到一个虚幻的来世之地，从而虚掷此生。费尔巴哈主张，上帝是人创造出来的形象，而非相反。一旦人类普遍理解了这一观点，就可以为了人类的共同福祉尽情地过好此生，而不是仅将其作为判断一个人死后是否有资格进入天堂的指标。他希望通过他的作品，“将人类从神学家变成人类学家……从天国和世俗的君主的宗教和政治仆从，变为自由、自信的世界公民”。费尔巴哈认为，摈弃对不朽的向往，是努力推进人类的尊严和自由的关键。

对马克思来说，人类历史每前进一步，无不明显地遵循着诸如牛顿物理学定律或生物进化论之类的科学规律。他嘲笑人性固定不变的观点，坚持认为人类根本没有本质，总是在形成之中；他们的世界观是建立在占统治地位的社会和经济关系不平衡的基础之上的。道德准则、形而上学体系、宗教理解框架都遵循着基本的物质条件，并且反映着统治阶级的需求结构。人类的幸福不能构建在一个虚幻的未来世界之上；马克思认为，宗教性生活观的准则就是服从，面对苦难时顺从，并把个人的不幸与自身的罪恶等同起来，这只不过是在经济上占统治地位的阶层强加给大众的不公平的负担罢了。纵观历史，控制了物质生产的阶层同时也控制了精神生产，首先通过炮制使之变为社会的主导思想。在来世得到补偿是统治阶层强加于民众的最强烈的观点之一，马克思试图代之以一种新的世俗的救赎形式，一个没有国家状态、围绕着经过改造的人性而建立的，实现了真正平等（因为除此之外，别无其他）的共产主义模式的社会。

一种新的疾病

弗里德里希·尼采（Friedrich Nietzsche，1844—1900 年）是一位富有争议的哲学家，他的作品深深地影响了 19 世纪末的艺术家和知识分子，而他本人的写作部分受到了达尔文和叔本华思想的启发。尼采将后者的认为生命无意义的悲观主义思想进行革新，通过摒弃传统的道德、政治和文化，来追求一种更为真实的标准，以接受存在的荒谬性。基督教对于尼采来说也是群众的宗教，是奴隶道德的主要支撑。“对于缺乏意志的人而言，最渴望、最需求的莫过于信仰了。因为意志这种受到控制的情绪，乃是统治权和权力最鲜明的特征”。所有关于来世的讨论都是满含嘲讽的消遣，防止人类抓住自己的命运，创造他们自己的价值观，并展示出一种不被信仰或贫瘠的理性所分散的强大意志。远在维也纳医生西格蒙德·弗洛伊德（Sigmund Freud，1856—1939 年）专门展开相关研究之前，尼采就知道有些非理性的黑暗力量潜藏在潜意识的深处。

弗洛伊德还在维也纳大学就读的时候，就摆脱了他年轻时所信奉的有神论思想，接受了“上帝只是人类基于基本的渴望和情感构筑出来的”这一激进观点。在早期的职业生涯中，弗洛伊德没有过多关注死亡的意义；但随着人到中年，大病初愈再加上父亲去世，他开始集中思考死亡这个问题。弗洛伊德声称，宗教及其所做的承诺（在此生备受苦难之后，来世又是一个新的开始）是适合神经质人格的一个幻想：他的精神分析理论对同时代人产生了深远的影响。

弗洛伊德在 1913 年出版的《图腾与禁忌》（*Totem and Taboo*）一书中，追溯了人类早期对死亡的态度并得出结论，认为“对死者的长久记忆，成为原始人类设想自身还能以其他方式存在的基础，并让他们形成了生命还能在表面上死亡之后继续下去的这种理念”。

1928年，弗洛伊德在其另一本著作《一个幻觉的未来》(*The Future of an Illusion*)中认为，宗教主张没有留下论证的空间，由此造成的有待辨析的矛盾足以让我们出于心理健康的理由而将其拒之门外。在他1915年发表的文章《目前对战争与死亡的看法》(*Thoughts for the Times on War and Death*)中，他重申“在心爱之人的尸体旁边，人就会生出关于灵魂的信念和对永生的信仰”。

处于人类世界观核心的、认为造物主和宇宙的存在是为了减轻人类焦虑的神人同形同性论观点，是可以理解的，因为人类如果不使用有效的概念工具，就无法构想出一种现实。但对弗洛伊德来说，这种愿望的实现既不能证明为真，也不容反驳，它们反映出人类的生命还处于幼儿阶段。相信人有来世是一种心理防御，借以对抗由毁灭引发的巨大恐慌，这种观点对现代心理学和精神病学产生了巨大影响。在反思弗洛伊德对20世纪思想的影响时，英美诗人和散文家W.H.奥登(W. H. Auden，1907—1973年)将这位伟大的精神分析学家描述为“并非一个人，而是一种思潮”。

唯物主义的吸引力

马克思、尼采和弗洛伊德的作品，对宗教中的生命观点展开了有力的抨击和谴责，他们的观点依赖于科学上一定程度的确定性，堪比牛顿学说在物理学中的突破和达尔文主义在生物学上的突破。就像万有引力定律解释了行星的运动，自然选择理论阐述了物种兴衰一样，社会经济和心理因素解释了对来世信仰的起源。在整个20世纪，遗传学领域、认知神经科学，甚至生物技术，都大大增强了对人的自然性的了解。这些领域的研究导致人性固定不变这一传统概念发生了偏移，被建构性认同(constructed identity)这个合成概念所取代。

20世纪中叶，其中一些工作与存在主义哲学的出现碰撞在了一起。让·保罗·萨特（Jean-Paul Sartre，1905—1980 年）是这一运动的主导者之一，他呼吁拒绝普遍的人性理论，转而鼓吹自主身份形成的理想。萨特必须在死亡这一艰难事实成为人类必须面对的确凿结局，以及整个宇宙注定要灭绝的前提下培育这种自主权。小说家阿尔贝·加缪（Albert Camus，1913—1960 年）描述了如果一个沉默的上帝确实存在的话，对我们的生活有怎样的隐含意味。同时，加缪在其写于 1942 年的小说《局外人》（*The Outsider*）和《西西弗斯的神话》（*The Myth of Sisyphus*）中，捕捉到了第二次世界大战中个体在精神上的绝望，以及由于上帝的缺失而导致的更大的异化。人类作为更大的事物秩序中的一个偶然的且又失宠的组成部分，在这个任何事情都可能发生的暂栖之所，就像浮萍一样漂泊无依，没有仲裁者来裁决是非对错，存在主义哲学呼吁我们要有钢铁般的决心。虽然这对许多人来说都是很痛苦的建议，但起着领导作用的存在主义者们发现人类会实现真正的解放，即人类最终可以自由选择自己的命运，个体能赋予生命以意义，而不是只能被动地接受被一个人格化但又奇怪而冷淡的建筑大师预先包装好的命运。

20 世纪以来，越来越多的知识分子基本认同这个论断。几乎与萨特处于同一时代的英国哲学家和社会评论家伯特兰·罗素（1872—1970 年）回炉再造了大卫·休谟的观点，声称上帝的存在以及人类的不朽都不存在理性的证明。他坦陈了自己在这一问题上的个人立场："我相信我死之后必将朽烂，自我不复存在。"然而与休谟在临终时所面对的情况不同，没有人站在罗素家门外期待着他收回所言，因为在 20 世纪中叶，灵魂毁灭说似乎不再显得如此奇怪或不合规矩。在罗素看来，既无法证明又不能驳斥上帝存在这一事实，就使得怀疑论成为唯一在理智上能站得住脚的立场。他在 1925 年时写道："基督教的上帝可能存在；奥林匹斯山的或古埃及的，或古巴比伦的诸神同样可能存在。但是在所有这些假设中，没有一个能比另一个可能性更大：它们均在可能的知识范畴以外，因此，没有理由去考虑其中的任何一个。"当代分析哲学家们同意这个观点，坚持认为死亡并不会构成哲学中的一个有意义的主题。

从20世纪中叶到人类的第三个千年，唯物主义者或物理学家的立场继续缓慢而坚定地进入到大众文化中。动物学家和进化论的忠实拥趸理查德·道金斯（Richard Dawkins，生于1941年）创作了一系列有影响力的著作，在读者中流传甚广。每本书都运用进化论来抨击宗教对现实的解释，斥责其虚伪和令人感到压抑。备受推崇的美国生物学家史蒂芬·杰伊·古尔德（Stephen Jay Gould，1941—2002年）加入了这一辩论，以一种广大读者易于理解和接受的方式提出了自己的有力论点。但与道金斯不同的是，古尔德质疑坚持科学方法必然导致迷失在无神论的虚无海洋之中的观点。即使我们真的生活在一个冷漠的宇宙之中，古尔德还是呼吁秉持一种类似存在主义的态度；每个人必须宣扬他们的自主和自由，定义一个庄重的世界并使之成为可能。

重回雅典

当然，关于进化论和精神分析的重要性还有不一样的诠释。20世纪早期的一些思想家对在同一个有机体之内的心灵和身体之间的区别重新做了一个有力的辩护。这种有机的或自体心理学的观点承认灵魂是一种固有的而非超验的存在，但是宣称固有的灵魂可以不死。心理学家卡尔·荣格（Carl Jung，1875—1961年）背离了弗洛伊德的正统理论，记述了在治疗各种形式的神经症时有机药物的局限性，赞同心理方法的疗愈作用。对荣格来说，“现代人尽管仍最顽强地执着于进行自我防御，却已经不得不承认心理的威力了。正是这一点把我们的时代和所有别的时代区分开来”。在写于1934年的一篇题为《灵魂与死亡》（*The Soul and Death*）的文章中，荣格称灵魂超越了时空连续体，值得进行进一步研究。“我们完全无法想象一种不存在空间和时间的存在形式，但这绝不意味着我们就能够证明，这样一个存在本身是不可能的。”尽管作为一名形而上学的唯物主义者，哲学家乔治·桑塔亚那（George Santayana，1863—1952年）还是认为所有的宗教都是人类想象力的产物，提醒那些蔑视宗教的人，诗歌、散文小说和戏剧艺术同样也是人类想象力的产物。桑塔亚那称，正如后面三者通过深化同情心和理解丰富了我们的生活一样，宗教也能让我们从世俗生活中得到提升，超越这个物质世界，因此宗教自有其价值。“它打开的愿景和指出的奥秘是另外一个可以生活的世界；而这另外一个生活世界——不管我们期望完全投身其中还是相反，就是我们拥有宗教的意义所在。”

彩色玻璃屋顶

美国医生、心理学家和哲学家威廉·詹姆斯（William James，1842—1910年）也赞同这种对影响人类福祉的潜在的审美和情感力量的认识。詹姆斯具有广泛的文化和学术兴趣，他以哈佛大学生理学讲师的身份开始了自己的学术生涯，后来转任哲学系高级教员（乔治·桑塔亚那就是他的学生）。他崇尚科学方法，但是对追寻真理的单边方法感到厌倦。詹姆斯观察到，现代科学遵循着一整套过度规范的规则，要求现象必须是可预测、可测试、可复制和可证实的。他认同被称为“唯灵论（spiritualism）”的反向运动，“唯灵论”19世纪晚期在欧洲和美国兴起，源于人们对超感官知觉和幽灵探访日益高涨的兴趣。詹姆斯提出了一个关于大脑活动和范围更为微妙的观点。1898年，在原属学院所做的一次演讲中，詹姆斯提出，那些以科学方式思考的观察者和受过教育的普通人所公认的想法，即一个人的内心生活对大脑存在绝对依赖是错误的，否认了我们以另外的方法对现实进行思考的可能性。虽然解剖学家、生理学家和病理学家的正统观点认为，所有的思维都是必然会死亡的大脑的功能，但詹姆斯的疑问是，即使情况确实如此，是否就足以迫使我们不相信永生。

詹姆斯的异议是基于他对生产性力量和传递性力量所做的区分。现代生理学家坚持认为思想是大脑的功能，就像观察者称蒸汽是茶壶的功能，光是电路的功能，能量是瀑布的功能一样。这里的物质对象都具有内在的创造力，或可以产生一定的影响。但是在一个物理性质的世界中，生产性功能只是可观测到的功能之一。例如，詹姆斯指出弓弩的扳机释放后会表现出放任性功能；同样，当锤子落在引爆药上时，就会发生爆炸。詹姆斯指向了一个可以观察到的传输性功能，与目前这个问题更直接相关。例如，当一个棱镜或折射透镜过滤和限制光的能量时，就会创建出一个独特的路径和形状。一个器官的关键是也具有传输性功能，开放各种管道，从而允许胸腔中的气流以各种不同的方式散逸。

在考虑大脑的活动时，詹姆斯坚持认为把功能性和传输性的作用都纳入考虑才是恰当的，尤其是应当注意到“我们对自然现象的看法可能会被我们有限的观察和分析能力所误导”。换句话说，我们在街上和在实验室里经历的现象，实际上可能只是一个更为深刻的现实的附带现象。用诗人雪莱的话说就是:“像铺有彩色玻璃的屋顶，生命，以其色泽玷污了永恒的白光。”詹姆斯让听众思考一下，大脑可能传输意识有限的光芒，它从宇宙绝对的生命本源处穿透圆顶。当白光穿越圆顶时，“屋顶上的各种污渍和扭曲都会印在光线上……灵魂的生命力即使正处在最丰满的状态下，即使是真正的物质性现实，会以各种各样受限的方式，冲破我们这些人的大脑进入这个世界，也会带着我们尘世间有限自我呈现的种种不完美和古怪之处。”即使大脑脑力衰退（以我们的文化目前对阿尔茨海默病的关注为证）并最终死亡，詹姆斯也认为纯意识的来源在死后的未知世界中可能仍会继续存在。

他的许多批评者认为这个理论太过复杂，充满幻想。对此，詹姆斯声称，唯物主义者的功能性解释与其主张相比，也高明不到哪里去，意识在大脑中产生的过程“绝对是世界之谜”。所有科学（甚至复杂的现代神经科学）所能解密的，也只能是大脑中的相伴事件，即“脑电波流过大脑枕叶时，意识所看到的东西”。詹姆斯坚称，我们在科学方面对这一功能性作用细节的了解，并不比对传输性作用的理解更多。我们无法解释作为物质的大脑如何就产生出了非物质的思想（这是古老的笛卡尔的困境），但现代科学（相当任性）使这一解释凌驾于其他解释之上。

一种理想的状况

无论一个人的社会和经济地位如何，都有很高的自我保护的人类本能。从古代的觅食和食物采集者到前工业化时代的农民，再到最近的医学研究和实践先驱，那些最直接参与维持和延长寿命的人是个人和社区幸福的关键；同时对于医生，我们还要给予特殊的认可和感激。只有一小部分人会选择结束自己的生命，社会坚持把这些人看作不幸的人或罪人，有时两者兼而有之。虽然我们通常认为，人类作为凡人自然会寻求长寿和死后的永生，但有些作家对永生意识的价值或人格进行了批判性的研究，预见到所谓永生远不像人们通常认为的那样是一种理想状况，这样的永生无论究竟能维持多长时间，其实都有可能削弱生活的价值。

叙利亚讽刺作家萨莫萨塔的琉善（Lucian of Samosata，公元 125—180 年）在其所著的《死者的对话》（*Dialogues of the Dead*）中，让半人半马的喀戎放弃无聊的永生生活，因为他开始发现快乐“不总是因为拥有相同的事情，还会是因为得不到它”。似乎欲望就是在这个不断变化的世界中追逐一个目标，即使这一目标永远无法实现，但会成为人类的一种善。线性延伸，甚至无休无止的永生，能让我们感到某种满足吗？在《格列佛游记》（*Gulliver's Travels*）中，乔纳森·斯威夫特（Jonathan Swift，1667—1725 年）介绍了拉格奈格王国的长生不老之人——人称“斯特鲁德布鲁格（Struldbrugs）”，最初格列佛对他们很是羡慕和嫉妒。但在拉格奈格王国中，长生不老的前景是比死亡更为糟糕的命运；他们到了老年就会变得体弱多病，包括失去记忆和衰老。死亡永远不会使他们免于衰弱。20 世纪的哲学家伯纳德·威廉姆斯（Bernard Williams，1929—2003 年）重提琉善对于永生的这种黯淡解释，经历再多也是没有意义的，因为相对领悟生命的价值而言，设置一个终点远比多一些经历更有意义。甚至与所爱之人的个人关系也是一样，虽然对永恒延续的渴望通常被视为人们渴望永生的充足理由，但对我们来说，也正因为生命倏然易逝才变得更加重要。换句话说，正因为我们夭年有限，才让我们自己和他人都变得不同起来，死亡才能赋予生命以意义。

甚至柏拉图式的精神不朽在某些评论者看来也不存在吸引力。虽然对于柏拉图而言，不朽的灵魂才是真正的自我，但如果人的感觉器官在死亡之际就死去了，那么没有了身体的人类将如何享受感性体验？神学家 H. D. 刘易斯（H. D. Lewis，1910—1992 年）将非肉体的永生类比成做梦的体验或人在空想时的状况。伯纳德·威廉姆斯则反驳说，虽然少数人可能会欢迎这样一个空洞的存在，但是它能使“一个快乐的、心地善良的、风趣的、来自海边的喜好世俗享乐的人获得满足吗？”对这个人来说，这种空洞的存在可能会和受到监禁这种极其糟糕的形式差不多。

从那本由一名 43 岁的中风患者撰写的著名的临终回忆录中，我们能够读到，作者从昏迷中醒来时，其认知能力全在，但除了左眼睑能动之外，丧失了所有的身体控制机能。本书作者就探索了这样一种大脑尚有想法、身体没办法动的生活前景。作者让 – 多米尼克·鲍比（Jean-Dominique Bauby，1952—1997 年）以极为痛苦的方式，一个字母一个字母地向一位抄写员口述了每个字词，而后者背会了按频率顺序排列的字母表，直到作者通过眨左眼来确认正确的字母。这本回忆录名为《潜水钟与蝴蝶》（*Diving Bell and the Butterfly*），书中展现了作者身体重度残疾的状况，以及在精神上的坚韧不屈和真诚。鲍比几乎没有任何与现实世界交互的方式（他可以看到和听到），他充分意识到与其说医学科学挽救了自己的生命，还不如说实际上是延长了他的痛苦；他回想着自己曾经参与过的那些愉快的日常活动，想象着自己突然又成了已经被驱逐出来的那个感官世界的一员。全书笔意从容优雅，毫无自怜自艾之意，本书忍不住提醒读者，任何接近无实体的人格都是一种很难被接受的概念。

一些作家在与他们的后代相关联的而非自我的不朽中找到了安慰，而其他人则满足于“他们的个人身份将融入一个伟大的造物主中”这一信念。许多人可以在家庭成员、朋友和同事对自己的回忆中找到慰藉，我们可以将其称为社会不朽。如果足够幸运的话，我们直接的继任者，甚至可能是完全的陌生人，可能会在我们的思想、信仰和承诺的影响下付诸行动。在论及启蒙运动中的领军人物的自然神论时，历史学家卡尔·贝克尔（Carl Becker）评论说：“后代们倾向于从 18 世纪的哲学家和革命领袖那里获取一些高度情绪化的、本质上是宗教性的态度。”尽管我们大多数人无法弄清楚民主革命党人有什么与众不同之处，但当我们所爱的人能够不朽时，我们当然会一定程度上为此感到快乐，并且如果我们足够幸运的话，还可以在那些认识我们的人对我们的回忆中得到满足。小说家乔治·艾略特（George Eliot，1819—1880 年）就阐述了这一观点，在她的小说《米德镇的春天》（*Middlemarch*）的结尾，她对女主角是这样评价的：

> 但是她曾经的生命对周围人有不可估量的影响：这是因为世界上善的增长，一部分也有赖于那些微不足道的行为；而你我之所以没有经历那些本来有可能经历的惨状，一半也得归功于那些不求闻达、忠诚地度过一生，然后安息在无人凭吊的坟墓中的人们。

但艾略特认识到，不管是个人的还是集体的，记忆持续的时间通常都非常短暂。她和马可·奥里利乌斯的观点一致，他提醒我们："每个人的生命何其短暂，死后再长久的声名也不过是昙花一现，因为这是靠着一代代朝生夕死的小人物才传下去的，而这些人连自身都搞不清楚，对老早死去的古人又能知道多少呢？"

两次转向

50 岁前一直处于无比成功的职业生涯巅峰的俄罗斯作家列夫·托尔斯泰（Leo Tolstoy，1828—1910 年）遭遇了一次严重的思想危机，那件事对我们当中那些籍籍无名者来说也并不鲜见。表面上，托尔斯泰的个人情况非常令人羡慕：作为一名文学巨匠，他有着不菲的收入、温馨的家庭和舒适的居住环境。但是在幸福和成功的外表之下，他开始反复体验到"时不时感到困惑，生活仿佛停摆了，我不知道自己该如何生活下去，应该做点什么"。这个问题乍一看似乎很幼稚，但却成为托尔斯泰要回答的"生命中最重要的问题"。为什么他最终发现照管财产、教育孩子和继续写作等这些活动和成就都无法带来满足感？毕竟他的孩子们生活在同样残酷和荒谬的境况之下（虽然他们那时还不知道）。即使是艺术（包括他的写作）也失去了意义，因为它只能反映生活，而被大肆吹嘘的科学只能提供经验主义的描述，也无法提供意义。一位哲学家会迅速地描述一项生活原则，并称其为一个想法、要旨、精神或是意志，"但却并不知其所以然"。

生活似乎毫无意义；死亡意味着毁灭。托尔斯泰曾说道："觉得我也不能再活下去了，一种不可抗拒的力将我拖向坟墓。"任何关于创世主上帝的残留图像都被贬低为一个恶意的存在，祂在从人类的悲惨境遇中为自己找到乖张的快乐。"对于我的爱人、我自己来说，疾病和死亡终会到来（实际上已经来了），如果不是今天，那就在明天，除了散发出阵阵恶臭并招来蠕虫的尸体之外，什么都留不下来。"人类唯一能认识到的绝对知识就是永恒的虚无。

这些压抑的思想导致托尔斯泰曾考虑过自杀，将其作为一种“通过个性中的体力和精力”来逃避的手段。但最后他无法付诸实践，因为理性阻止了他，而也正是理性认定了生命的愚蠢荒诞。另一种“不合理性的”知识为他提供了一种逃避手段，虽然早前它曾被托尔斯泰放弃了。它是无知的普通人的主要支柱，他们生于斯死于斯的那种环境，其艰辛程度是托尔斯泰所处的那个社会阶层的人绝对体会不到的。他开始意识到要想认识生命的意义，“首先就必须认识到，生活不应只是在理性之光照耀下现出本相的一件邪恶而无意义的事情”。不是通过理性的指引，而是出自一种感觉，他认为个体的存在另有原因，这通过童年时代的简单信仰就能获得，因此托尔斯泰重拾他青年时代的宗教信仰，他发现在这个信仰之外“全是废墟，别无他物”。

这个观点随后被西班牙哲学家米格尔·乌纳穆诺（Miguel de Unamuno，1864—1936 年）在他的著作《生命的悲剧意识》（*Tragic Sense of Life*）中加以确认。他在书中写道：“即使上帝和不朽是神话，我们也必须信奉，并以此在一个会落入荒谬的宇宙中来抵挡绝望的感觉。如果像一些不人道的思想家所说，意识无非就是两个永恒的黑暗之间的一道闪光，那就没有什么比存在更恶劣的事情了。”我们必须保证，我们的生活和工作在一些更大的语境中有存在意义。

但那是一个怎样的来世？如果我们的命运不仅仅是纯粹的复活，如果我们能被允许预见到一个在性质上根本不同于我们现在生活样式的未来的生活，那对于我们不完美的现在与未知的来世之间的联系，我们又该怎么说呢？我们能否确保自己理解了那“最后的事物”，即神学家所谓的“末世论”？

数学物理学家和圣公会神学家约翰·波尔金霍恩（John Polkinghorne，生于1930年）已经观察到，有关永恒的灵魂暂时困于一具肉身之内的旧的柏拉图式的概念，即基本人格独立存在于生物有机体外的观点，今天似乎越来越站不住脚。进化生物学将人类与一个相当近期的灵长类动物的历史以及一个更为古老（20多亿年）的非常简单的生命形式的历史联系在了一起。严重脑损伤，更不用说（也很不幸）常见的吸毒和酗酒，对认知能力和人格所造成的影响，都是有据可查的，并且支持基本人格（如果确实存在的话）不能与动物性的身体割裂开来的观点。至少在这里提到的案例中，在大脑状态改变以后，人格的连续性似乎也会破裂。

另一方面，波尔金霍恩提醒我们，我们身体内核心的物理原子不断被更替，目前我们体内的原子已并非两年前的那些了。然而对绝大多数人来说，从我们的童年到老年，个人身份在几十年间无缝地延续着。用波尔金霍恩的术语来说，就是“连续性的载体”似乎是信息承载模式，在这种模式下，物质以特定的、高度复杂的方式组织在一起。这种模式从来都不是静态的，反而在我们的一生之中，在我们经历新的体验、获得新的知识和保存下生命记忆的时候，不断进行着更改。对波尔金霍恩来说，这种模式就等同于不朽的灵魂，会由于对神的虔诚而超越死亡得以永生。虽然像波尔金霍恩这类神学家赞美科学探究的工作，但很快又补充到，自然法则背后的经济规律和美学规律指向的不只是盲目的偶然；它们指向一种中介，即在宇宙中运作的热心人类福祉的一种智慧力量。波尔金霍恩和许多其他人都纠结于这个问题，来世的原则受到一种同自然科学结论一样有力的证据的支持，并在情感上带来一定程度的满足，这是科学很难假装可以与其匹敌的。宗教对于生命以及一种可能存在的来世的认识，继续坚守其一贯立场，反对那些认为死后没有来世的观点。即便经过两千多年动荡的知识之旅，古代雅典的原则依然能显出其道理。

A BRIEF HISTORY OF DEATH

第3章 来自宗教的诠释

我们死后将去往何处

就其核心而言，宗教是从现世的角度来看待超验，通过有限的棱镜来观照无限，并且相信存在一种无形的秩序，人类要行事得宜，与这种秩序相符合。宗教体系包含形式哲学中三个主要的分支：形而上学、认识论和伦理学。形而上学追问的是表象之外的现实的本质，并思考生命最根本的意义。在这种语境下，大多数宗教平息了人类对死亡的巨大恐惧：在死亡来临之际，我们的意识停止，我们在自己的感情、创作冲动、个人价值以及和亲人团聚的愿望方面的忧惧都会烟消云散。认识论研究我们知道什么，以及我们是如何知道的，特别涉及如何建立真理的问题。而伦理学则包含了对道德规范的研究，我们要用何种道德标准来指导我们的生活，我们如何分清对与错。在后者的分类体系之下，宗教需要建立起一套关于一个或若干个超自然的动因的人类或非人类的信仰体系，以及由这些信仰引申出的一系列实践。这些实践是为应对超自然力量的需求或愿望而组织起来的，被看作宗教承诺下的基本措施。

纵观人类历史，宗教世界观的影响力无与伦比，影响了道德、法律、社会组织和政治体系。事实上，尽管它最近受到了哲学的挑战，但无论在世界各大洲，还是在各个年龄段的人群中，绝大多数人都接受了某种宗教对现实的解释，并且努力通过教义、仪式和更广泛的生活经验将其展示出来。世界上现存主要宗教的起源和发展证明了人类对于有序化叙事的认知和情感需求引领着我们此生的生活、人类渴望死后生的，以及确保在死后获得某种程度的连续性的强烈欲望。对于某种不可言喻的权力支配着感官现实和非感官现实这一事实的认定，成为指引历史的力量，为每个生命提供了存在的意义，并已在过去的几个世纪中转化为各种各样的正式的信仰体系。每个宗教体系都很笃定地为其追随者描绘出一幅来世的图景，并且为一个人应该如何完成这段旅程提供了详细的说明。

鉴于我们对死后的生活没有任何经验性知识，也没有任何概念性工具来穿越这层遮蔽，新旧宗教体系都倾向于根据当前条件来推断另一个世界。不管是不是以个人意识为标志，好人的来生只会更好。在生物有机体降解之际，所有的问题都会消失，疾病和痛苦不再有，从肉体的限制中解脱，欢乐代替了悲伤，和平和共享成为常例。

这些宗教传统坚持一幅双重景象，并且在时间上无始无终，在那里善人和恶人的居所相对而立，后者会遭受肉体的痛苦，甚至可能会是很残酷的实实在在的痛苦。无论是在多神论宗教里，还是在一神论宗教中，这些人格化的神明往往都表现出许多人性的特征。祂们可能很仁慈并挂念着人类的福祉，但也很可能漠不关心，容易动怒且完全反复无常。在西方的大多数一神论宗教中，信徒和神明之间的关系效仿的是君主专制政体的社会结构。虽然信徒有望（不能保证）在来世获得奖赏，但必须无条件地称赞、乞求、畏惧、服从和爱戴神明。

百家争鸣

正如我们在第 1 章中所看到的，宗教形成的过程有其史前根源，但这项工作直到人类历史上所谓的“轴心时代”（Axial Age）才轰轰烈烈地开展起来。这个说法最初是由哲学家和精神病学家卡尔·雅斯贝尔斯（Karl Jaspers，1883—1969 年）在其 1949 年出版的《历史的起源与目标》（*The Origin and Goal of History*）中提出来的。他说，大约公元前 800 年至公元前 200 年之间是人类文明的“轴心时代”，其后的文明中所有关键的宗教和哲学思想，都是在这一时期形成的。在这几个世纪中，人们惊见一些学术和精神方面的重要人物在世界各地出现，包括孔子、老子和释迦牟尼、《奥义书》的佚名作者、查拉图斯特拉（Zarathustra）以及犹太先知和希腊哲学家，等等。雅斯贝尔斯认为，他们各自独立探索了生命中如生活的目的、受难的意义、善与恶的本质和人类命运等重大问题，这些探索对所有人都具有普遍意义，经得起时间长河的淘漉。

发端于这个时代的思想观念，改变了文化，甚至人类的集体意识，促成了个人主义和自我意识的崛起，加深了个人与更广大的超然力量之间的联系。今天，那些信奉宗教性世界观的人们认为在“轴心时代”时期产生了神圣命定的道德法则；而对于世俗的思想家们来说，那个时代则是全球充满了社会政治危机的非常历史时期，诞生了很多具有深刻道德洞察力和改革激情的先师。

在这几个世纪中，关于来世的各种叙事可谓灿若星河，每种观点都从生物学、历史学和当代社会文化经验出发做出推断，去描述来世的情形。南亚和东亚的主要宗教将这一景象用带有强烈比喻甚至抽象的术语描述出来。相比与一个支配一切的存在秩序意识上的再次联结，身体的连续性显得不那么重要了；干涉主义的神和精神化了的祖先是多姿多彩的，而各种真神或者说创造的终极原则则是无形的和非人性的。总的来说，南亚和东亚宗教不存在人格化倾向，它们更关注现实的统一性本质及其在人类经验中的实现。

另一方面，西方的亚伯拉罕诸教（Abrahamic religions）断定在上帝和人类之间存在一种非常个人化的动态关系，这种关系会产生极大的道德后果。这些非常古老的宗教通常都信奉单一宇宙现实的观念，认为神和人一样，同处于一个相同的物理空间内，只不过前者的居所是人类难以企及的。山顶、神圣的森林、天空、地下居所——这些都是不同类型的神的居所。祂们的行为决定了自然现象，而臣服于祂们的人类则试图通过祈祷、献祭和其他仪式来影响这些神圣程序的过程。另一方面，最近的基督教和伊斯兰教坚持二元论的观点，认为在这个俗世的地球之外，存在着一位上帝，超然于时间和空间之外，但是仍然积极地影响着他的仆从者的事务。

根据从属于西方的信仰体系，自从亚当和夏娃的自恋行为发生以来，人类就一直处于旷日持久的反抗之中，一个善妒而又掌握着裁判权的上帝是正言厉色的，祂容易发出谴责，但最终又会真正惦念祂的子民的福祉。犹太教、基督教和伊斯兰教都接受亚伯拉罕作为第一个先知，来描述人类和神祇之间的关系。这三种宗教形式都已成熟，它们假设来世被一分为二，肉体上的痛苦和祝福分别在等待着冥顽不化之人和忠实的信徒。特别是对基督教来说，由于对耶稣受难的正式纪念，死亡是其信仰的核心（与随后的肉体复活）一起成为社区中信徒基本的忏悔原则。

轴心时代的本质特征之一就是，在关于来世的历史上，率先断然将关注焦点转向个人命运，而不是部落或家族的命运。因此，坚持遵循一个特定的生命历程，并服从某种道德规范，就成为永生之前的一个序曲。将其与古罗马的宗教相比，就会发现这种转变的意义：其主要目的在于通过与大众福祉相联系的祈祷和献祭神明的民间仪式，来促进社会凝聚力，保持社会稳定。这不是一个关注个人与造物主之间关系的个人信仰，而是与在他们社会生活的主要方面行使权力的神明达成的集体交易。当早期的基督徒拒绝通过规定的公开仪式礼敬罗马诸神时，他们就失去了神力的善意，从而将国家置于危险境地。正是这种抵触而非其他因素，导致罗马当局开始对基督教徒进行了无休止的迫害。

在轴心时代，对经文的解释也开始在宗教对话中处于前沿地位，重要的思想家们开始淡化和削弱古老的对仪式和动物祭祀的依赖，转而强调要给予“精神修炼”和慈悲的行为以至高无上的地位。这样的例子不胜枚举，仅举一例为证，主要宗教反对非自然死亡，比如杀婴和自杀等。正是这种共情的实践——“黄金法则”（Golden

Rule）或慈悲为怀，使得人类得窥此生的创造性根源，并在死后完全参与其中。宗教中的这种伦理转向起源于“铁器时代（Iron Age）”残酷的战争背景下，由于受到城市化和市场经济的影响，当时社会不平等现象也日益加剧。畏惧于他们所生活的世界中的暴力和迫害，轴心时代的思想家们致力于构建一种新的宗教情感。

此生的行为似乎成为区分这一永生之旅的关键属性，这在历史上还是第一次。但后来这种观念却被世人所扭曲、滥用和盗用，用以支持无数一直延续到今天的以自我为中心的、且不人道的行为。这一时期的思想先驱们为他们的追随者超越那些自私和平庸的区区之辈提供了一块试金石，他们靠着对人类社会及其需求更广泛的理解，为那些用行动（而不仅停留在信仰层面）追求永恒的人提供了指南。

西方宗教对于死亡的观点将是我们关注的重点，但对更广泛的全球背景稍做了解将会有所裨益，这不仅仅是因为非西方传统引起了现代后工业时代西方社会浓厚的学术兴趣。对那些离弃了自己祖辈传统的人来说，参与到这种全球性的信仰通道是一种真实的需求，因为他们仍然渴望一种有强烈吸引力的超验景象—— 一种古老叙事的智慧，能为自己的生命提供一种更深刻和更宏大的意义——即使这种意义缺乏对个体独特性或个人意识的度量。

西方之外的情形

中国古代的民间信仰和官方信仰

正如我们在第 1 章中看到的，中国文明几乎不受外界的影响，商朝的宗教不同于任何体制性的、神职人员化的或基于经文的宗教建构框架，而是一种被学者称为

“扩散的”或基于底层实践的产物。它是由流行的信仰、民间传说、神话和价值观在中华文化内部逐渐演变而来，并被大多数民众所接受，而后官方授意和指导的宗教实践都建立在这些早期民间思想基础之上。关于死亡和濒死的普遍观点，人们先是在家庭和村庄环境中知道的，而不是通过正式的宗教教义获知的。

在世俗信仰中，人死以后仍然有一个独立的自我（鬼）继续存在这个观念，同死亡体验在代际交替和祖先崇拜方面的含义比起来，就显得不那么重要了。即便如此，无形的灵魂依然受到生者的尊敬。每个人都被认为是分成了两个灵魂，一个是上阳的、智性的灵魂（魂），变成了精神，死后上升到神的王国；而下阴的或更为物质的灵魂（魄）则随着身体下沉、进入坟墓，可能会成为恶毒的幽灵或恶魔。在死亡或者类似死亡的体验，比如睡眠或昏迷中，“魂”随着呼吸离开了身体，四处徘徊；而梦常常被理解为肉身睡觉时灵魂在体外漫游。

我们可以认为在早期的中国文化中生存意识淡漠，较之个人存续的观念，个体更看重基因传递或者自身言行的影响。对绝大多数中国人来说，有望在死后进入祖先的精神国度（虽然这都是虚构出来的）是个人在世上通过辛勤劳动和奉献付出而达到的辉煌顶点。关注来世生活，以期能与生者建立永恒的关联是这个古老的世界文明中不可或缺的一部分，也是通过现世的正确行为而实现永恒的一个方法。相信可以通过子孙后代实现有机的连续或者永恒，而后者的福祉和人生成功之基被理解为长辈的关爱和自我牺牲换来的成果，几百年来这都是中国人所信奉的宗教的关键原则。每个人死后都会参与到坟墓之外后代的生活中，而不是住在个人的天堂居所之中。

作为回报，孝顺的子女应该保重身体，并且行为得宜，以光耀祖先。他们还必须尊重、照顾上了年纪的家庭成员，践行孝道。在这个社会的世界观中，一个重要的方面就是要将逝者的来世用心保护好：包括葬礼、将尸体以适当的方式在祖屋附近下葬以及绵延不绝地例行供奉祭品。在做出任何重大决策（比如战争、搬迁或农业政策）之前都要问卜于逝者，因为他们仍是家族实体中一个至关重要的组成部分。灵魂一旦被忽视或不闻不问，不仅显示了后裔的不成器，还可能成为这个世界上一股邪恶的力量，给社会和其活着的子孙后裔们带来祸殃。

这些古老的家庭和氏族习俗都是在相信大自然本质上存在统一性和规律性的信念的指导下进行的。教义学说、编纂成册的信条，以及各种宗教教派，这些都是为西方宗教所熟悉的做法，但在流行于中国的传统中没有与之对应的部分。在这里，宗教起源于一种特定的、植根于家庭和社会生活结构中的世界观。不是由正式的教义塑造了世界观，而是中国的世界观在流行宗教中找到了表述。在一个最高统治者“帝”（Di）的领导下，这种世界观包括：日期和季节的周期性变换；兴盛与危机交替的原则；生者与逝者的互动和宇宙的两极——互补和进化对立的原则（阴和阳）。支撑“帝”和祖先的权威的同样是抽象和非人为的“道”，它为所有现象提供了目的和存在意义。认同形而上的“道”，而不是超乎自然之上或之外的个体神，是中国人精神追求的关键所在。

儒家思想

东周时期（公元前 770—前 256 年），在一系列颇有影响力的哲学家和冥思者的指导下，儒家思想这个基本理论得到了发扬光大。这一阶段通常被称为“百家争鸣”时期。在这个时期，一大批中国哲学家纷纷发表意见，在消极的“阴”和积极的“阳”的力量所赋予的丰富的感官体验之外，指导体验“道”所代表的整体性现实。这些建议是在公元前 6 世纪产生的，彼时中国正处于一个关键时期，国家内部政治分裂、战乱频发。大的城邦国无情征伐弱小的邻邦，政权内部不断发生谋篡事件，传统的国君统治正受到威胁，由此导致的社会解体破坏了尊重长辈和祖先的传统。许多人担心对上天意志如此大肆不敬会导致宇宙巨变，将会是末日的开始。

在这个动荡不安的环境中，大约在公元前551年，诞生了一位伟大的、后来在西方被称为孔子的历史人物。孔子家境一般，但接受了正规教育，在政府部门担任过一些低阶官职。后来他辞去官职，成为一名周游列国的导师，他在所到之处都会主动向执政者提供治国建议，并吸引了一批忠诚的追随者。而正是这些门徒将这位他们称之为“夫子”的导师的主要教诲，用《论语》的形式记录了下来。《论语》简短精练，充满了实践智慧。孔子于公元前479年逝世，生前从未获得他所希冀的有影响力的政治地位，而他自己认为只有这样才能让自己的学说产生广泛的影响。

虽然儒家思想通常被解读为世俗的伦理哲学，只阐述了正确（道德的）行为和社会秩序，但如果将之放在中国人的宇宙秩序总体观念的语境下，那这一理论本质上的宗教性就会变得非常突出。在东周时期，对神灵的崇拜开始包括了对道德评判标准的强调。一个人的道德行为成为神灵回应其祈祷的关键参考因素。天和地都是整体的一部分，祖先居住在天上，生者如果在世间正确地生活，就有望在死后升天与祖先同在。

在被直接问及死亡和来世等问题时，孔子回答：“未知生，焉知死？”就是说如果对身前事都知之甚少，那就别去想着理解和谈论身后事了。孔子是一个传统主义者：他缅怀西周时期的传统，认为那是一个和平和统一的年代，他主张这些传统礼序应该根植于民众的信仰之中。除了通过礼制向祖先表示尊敬以外，孔子还认为，一个人也应该慷慨地对待自己的邻居，尊重对方，这一点也同样重要。

孔子强调人的互相服务是比为上天举行仪式和献祭更重要的事情，还把人能正确行事，视为产生真正的宗教情感，或者符合宇宙之道的关键前提。就像早期的西周天子炮制了“天命”这一概念，为自己去商朝而代之披上了合法的外衣一样，儒家弟子也通过仪式，把互相服务的要求和其他特别期待人们采取的行动，内化成人们的根本愿望。对“孔夫子”而言，富有德行的生活总是优先于那些章法严密的仪式；做正确的事比正确行事更为重要。公元前 4 世纪的思想家孟子进一步发展了儒家学说，他尤其强调人性中“关心他人”和“仁慈”（仁）的方面，认为可以通过事例和教化将人性中与生俱来的特质培养出来。

道家学说

像孔子和孟子一样，《道德经》和《庄子》的作者生活在战国早期（公元前 475—前 221 年）。《道德经》的作者据传是身份神秘的老子，关于老子其人，后人对其知之甚少。一般认为他与孔子处于同一时代，比孔子年长一些，曾担任过周王朝的档案管理员；但也有当代学者认为他的生卒年代较孔子要晚一些。庄周的生平同样不详，一些学者甚至认为署有他名字的作品很可能是多个哲学家的共同著作。这两人（或者说署有两人名字的作品）都拒绝儒家积极入世的观点，转而提出一种非常深奥的、个人化的，发自内心的改革，这是从传统世界观的一种解放，关注培养人精神上的自觉。

道教的精髓很难定义或领会，因为这个词既广泛地用于描述在世俗领域中的行为举止得体，又可以指代无名的神的旨意和宇宙的无限秩序。早期的追随者们对此讳莫如深，喜欢用设喻解谜的方式来讲述道教中的哲学观点。《道德经》的开篇第一句非常有名：“道可道，非常道。”这表明对人类来说，在所有能感觉到的现实世界背后，存在着不变的道，但又“不可道（说不清楚）”，这才是首要原则。“道”是非人为的，但要求人按特定的方式去生活，用一个术语表达就是“无为”，这是一种不积极的行为，一种不刻意的行动。在道教中，人类面临的挑战就是要在一个没有个人坚执的世界里行动，要生活在尘世之中，但又超然其外，淡泊物欲，不以人造的文明作为生活标准，而是讲求天人相应。

庄周自己就身体力行，为这一独特的生活方式做出示范：他坚持认为自由不仅仅是在传统意义上摆脱束缚，而且还包括摆脱意识缺陷和个人的喜乐好恶。自由还包括接受生物性死亡这一自然法则，真正的智者决意超越尘世的烦恼，接受死亡所带来的任何状态。庄周通过引用一位残疾人的话强调了这一观点：“死生，命也，其有夜旦之常，天也。”在另一篇文章中，有位名叫子来的智者在面临死亡之时，曾这样说道：

> 阴阳于人，不翅于父母。彼近吾死而我不听，我则悍矣，彼何罪焉！夫大块载我以形，劳我以生，佚我以老，息我以死。故善吾生者，乃所以善吾死也。今之大冶铸金，金踊跃曰“我且必为镆铘”，大冶必以为不祥之金。今一犯人之形，而曰“人耳人耳”，夫造化者必以为不祥之人。今一以天地为大炉，以造化为大冶，恶乎往而不可哉！

生和死不过是道的两个方面，死亡就是转化为虚无，是从积极的阳变成了消极的阴。就像道本身，死亡之后是未知，任何试图对其做阐释的努力都与真相南辕北辙。成就智慧，忘记自我，包含完全消除生与死之间的区别，以及接受自然秩序等内容。

道家最终成了一种有正式组织的教派，建立了自己的庙宇和道观，极其强调救赎，指导它的信徒们过一种正确的生活，为实现长生不老做准备。他们相信炼金术的价值，相信长生不老的天仙们住在天上，而同样长生不老的地仙们则住在神圣的森林和山脉中，相信人类只是貌似死亡，其实只不过是脱离了肉身而变成道教所描述的来世图景中的一部分。一个达到完美状态的人被认为是超越了俗世的感觉和知觉，呼应天地的韵律。他出现在这个世界上就是为了教化世人，创造奇迹，帮助人类超越生存困境。道教圣人都是由精神本体和自发的直觉构成的，他们不属于这个物质世界，但是如果正确行事，修行得法，凡人也可以达到这个境界。

南亚人的生死观

我们对于印度土著人的认识仍然局限于印度河河谷西北部的那些考古遗迹。在这片遗迹上，从公元前 2500 年左右开始，一个复杂的城市文明首次出现并繁荣了千余年，后来在自然灾害和外部入侵的双重作用下土崩瓦解，烟消云散。从上游被称作“旁遮普（Punjab）”的冲积平原开始，绵延至印度河下游的“信德（Sind）”，新石器时代的农民们支撑着像摩亨佐－达罗（Mohenjo-Daro）和哈拉帕（Harappa）这样人口已达 4 万人的城市。

居住在这些生活井井有条的城镇和城市中的居民对于死亡和来世持何种态度现已不得而知；考古发掘未能发现有古代近东特征的寺庙和纪念性雕塑。此外，直到现在，学者们还未能破译出这个文明所使用的象形文字手迹，发掘出的很多陶器文物的意义也尚不可知，包括出土的母亲女神雕像，学界依然存在广泛争议。

逝者被埋葬时头朝着北方，墓葬品中包括陶器和武器，但是这些早期墓葬制度的意义至今尚不清楚。

比较确定的是，在公元前 1500 年的战争时期，一群浅肤色的、半开化的自称“亚利安人（Ayrans）”或者“高尚的人”的移民，从北方经由兴都库什山脉的关口来到这里，用他们先进的武器和马车装备，开始压迫当地的土著有色人种。亚利安人将当地土著人群称作“达萨斯（Dasas）”或者“野蛮人”，并用对待野蛮人的方式对待他们。一个正式的社会隔离体系就此开始，导致了印度棘手难解的种姓制度的出现。到了公元前 1000 年，有四种可以辨识身份的类别：婆罗门（牧师）、刹帝利（贵族和武士）、吠舍（工匠和拥有土地的平民）以及首陀罗（工人或仆人）。这些基本的社会阶层和他们对待阶层的顺从态度，一直持续到了 20 世纪。

早期亚利安人的宗教信仰也许是两种文化互相融合的产物，都体现在被统称为《吠陀经》（*Vedas*）的 1000 多首神圣的、虔诚的赞美诗和宗教仪式中。据传，《吠陀经》是由神圣的祭司精英阶层在大约公元前 1500 年到公元前 500 年编纂的，通过口口相传延续了数百年，已经成为当代世界宗教中最古老的标志。用梵语写成的《吠陀经》于公元前 1000 年左右成书，书中强调了遵守仪式礼仪和要对已故祖先和宗教神灵进行虔诚的祭祀，认为这是宗教制度的基本要素。

《吠陀经》介绍了众多的神灵和女神，祂们需要在婆罗门的悉心指导下才能被安抚好。例如阎摩王（Yama）是掌管死亡之神，有一个版本称其是第一个因战胜了自私和对神灵保持坚定的忠诚而获得永生的凡人。火神（Agni）是掌管火和火葬仪式的神灵。人们认为他负责将祭品奉献给其他神灵，并且负责保障逝者进入死亡世界的通道。在这些早期文献中，对于众神和人类之间的关系，更强调遵守适当的仪轨而在保持行为正确或符合道德。但即使神祇众多，这些经文也预见到一个超越了这些个体神灵的精神现实的出现，提出了一个抽象的、有关绝对存在的泛神论原则，或者说婆罗门。事实上，在印度传统中的多位神灵，包括缔造者大梵天王（Brahma）、仁慈的保护者毗瑟奴神（Vishnu）和破坏之神湿婆神（Shiva），都是作为无所不包的婆罗门的正式化身或显现而引入的。

吠陀婆罗门（Vedic Brahmins）最初仿效其他印欧人的模式，认为人只能活一次，死后生活的样子取决于其在世时的行为。在他们的设想中，人死亡以后与先辈们及天空诸神生活在一起，这是一个非个体的世界。生者通过仪式和献祭向这一庄严的集体寻求帮助。这些最早期的经文指出，只有顺从本分的行为，或通过业解脱道（Karma Marga），才是死后与先辈们一起进入这一世界的先决条件——这是延续俗世生活最理想的状态。但是在《吠陀经》流传了数百年以后，在公元前600年左右，在《奥义书》中的一系列诗歌和散文评论的帮助下，死后世界的性质得到了重新建构。

少数婆罗门排斥被他们视为愚蠢、刻板、固守复杂仪式的信仰，故而合著了《摩诃婆罗多》（*Mahabharata*）和《罗摩衍那》（*Ramayana*）——这是与《奥义书》大约成书于同一时代的两大印度史诗，宣称每个人体内都拥有自己的那一点永恒的婆罗门，即灵魂“阿特曼”（Atman），它试图挣脱肉身回到自己的起源。这种渴盼已久的再吸收，或者说从轮回中得到解脱（moksha），是多个死亡和重生循环中的追寻；灵魂在这个过程中轮回（samsara），直到清心寡欲、放弃物欲之后，才能实现彻底的启蒙开悟。通过冥想和禁欲主义，个人开始意识到这个异质的感官世界是玛雅（maya）或者说幻觉，人生的真正本质是统一性和同一性，这是事物的总格局。一个人的行为或者说业力（karma）在从轮回中得到解脱的过程中起着决定作用。

在这个深度反个人的但受伦理驱动的现实中，死亡这一事实不会引起哀叹，而是被视为人的众多化身之一走向终结，是朝向真正开悟和清楚理解存在本质的漫长旅程中的一个阶段。对尸体的处理就体现了这一观点，火葬的出现就是为了加速释放灵魂（athuna），使其尽快奔赴下一个旅程。对于大多数普通印度人来说，遵循个人责任的法则（dharma，达摩）意味着接受符合个人社会等级、性别和生命阶段的责任。《薄伽梵歌》(*Bhagavadgita*)所传达出来的主要信息(《摩诃婆罗多》的组成部分之一)是，以我们现在的身份完成达摩，是轮回中的灵魂的活动和世俗世界之间唯一合法的交集。但是对于特殊的追随者来说，放弃世界、世间的行为以及消除自我,都是为了从轮回中得以解脱而做的准备。只有真正的解脱才可以结束生生死死，在这个循环过程中，个人的死亡只是一部拖沓剧集中的一幕而已。

按照《奥义书》的观点，开悟的灵魂身处这个世界之中又不被其所困，看透了惯常的尘世雄心，并将这些雄心从对有生命之物和无生命之物的幻觉中抽离出来。在吠陀文化晚期(公元前500年),有成群结队的苦行者开始要求在印度扩大宗教权威，排斥正统的婆罗门祭司，于是他们练习一种被称为瑜伽的神秘运动形式，与婆罗门重视献祭、假于外求的特点形成鲜明的对比。最后,《奥义书》变成了印度教观点中不可或缺的一部分，它并没有废除关于仪式和献祭的旧有关注，而是增添加了一个新的伦理的、非物质的视角。死亡包含一系列变化，在这些变化过程中，个人的灵魂离开了，当它脱离了所有的存在，脱离了天堂和地域，脱离了神，脱离了现世令人生厌的种种考验时，永恒的来世就会来临。

佛教

就像后来的基督教和伊斯兰教一样，历史上佛教起源于其创立者的言行，创立者本人未曾写下任何著述，但是却对其信众产生了非凡的影响。乔达摩·悉达多(Siddartha Gautama)于公元前563年左右出生，成长在一个富裕家庭(在现在尼泊尔边境附近)中。29岁时，他离家舍亲，只为了寻求与病、老、死和重生有关问题的答案。他最初的努力包括向德高望重的老师请教和进行自我禁欲的苦修等，结果都徒劳无功。最后既没有仪式的帮助，也没有向特定的神祇祈祷，他通过瑜伽打坐掌握了存在的循环，发现了在世时就可以达到完全开悟的手段。从那时起，他开始向人传授“四圣谛（four noble truths）”，即成为佛陀或者“开悟的智者”的使命。这些包括意识到：（1）一切众生皆苦；（2）痛苦的根源在于欲望；（3）消除欲望就可终结痛苦；（4）通往无私境界的恰当路径是“八正道”，包括思想和行为两方面。佛教没有一个严格的神学或宗教仪式，没有官方的僧侣阶层和神圣经文，没有等级或层次，但是却传达出简单而强大的信息，即一个人只有通过慈悲和完全消除自私的欲望才可摆脱业力束缚（karmic bondage），也就是肉身存在的循环。

佛教对于死亡和来世的核心理解在于，其否认个体有固有的“我”的存在。为大多数印度人所笃信的印度教文化强调自我和宇宙灵魂“阿特曼”的根本统一，佛教却声称感官现实是无常的，这种无常也包括个体的“我”，一旦明白了这点，所有对死亡的恐惧就会消失殆尽。涅槃（Nibbana）是死后可以达到的一种境界，其时，自我的假象已经消解，获得了宁静自在，挣扎或欲望也不复存在，因此，再也不会导致死亡和重生业力的积累。

佛陀意识到，在活着时消除所有的欲望，并对所有众生都怀有无私的慈悲之心，这一点只有精神上成熟的智者可以做到；大多数人还是生生世世只能重复生死循环，只有当他们学会控制和最终消除俗世的欲望为止。在描述佛陀的死亡或叫圆寂的文献中，这位 80 岁的上师选定了他最后离开的地方，朝右侧躺下，进入了一个没有欲望的冥想境界，随后就断气了。组成他个体同一性的各个元素，即“五蕴”（skandhas）开始四散，佛陀就此从俗世中消失。

像基督教一样，佛教也在远离起源地的地方产生了巨大的影响。佛教在汉代传入中国，它的冥想打坐方法与道教中的某些方面不谋而合，因此得到了道教的迎合。公元 3 世纪初叶汉朝灭亡，长期的政治动荡和内乱消解了儒家和道家思想的影响，为佛教僧侣、译经书者、上师和传教者提供了一个机会；这些人经由统称为伟大的“丝绸之路”的道路网络，从南亚和中亚来到中国。与此同时，基督教也从巴勒斯坦向西罗马帝国传播开来。就像公元4世纪罗马帝国的支持促进了基督教的传播一样，公元5世纪，北魏政府管理了佛经的翻译并督建了佛教寺院。在唐朝（公元618—907年），皇家对佛教这一外来宗教的支持，使得当时的首都长安成为主要的佛教思想中心，有佛教徒长途跋涉到印度取经，进一步促进了文化交流。正是在唐朝时期，佛教开始传入朝鲜和日本。

犹太教、基督教和伊斯兰教的人格主义

早期的犹太教观点

古代巴勒斯坦的犹太人认为，在生物性死亡之后，无须看重人的完整性，而是想象人会落入类似古希腊人所称的地狱，或美索不达米亚人心目中阴森的冥府。生命本身，而不是某种未来存在，是对人类的终极奖励。简单地说，在古代犹太教中，没有神学意义上的死亡和个人的来世，因为个人的死亡没有意义。《传道书》（*Ecclesiastes*）的作者写道：“死了的人一无所知，他们不能再得到奖赏，但有关他们的记忆会被人遗忘。”《创世纪》关注死亡的原因——人类的骄傲和反抗，而非死后；惩罚包含放逐、体力劳动和无数种痛苦的死亡。

在早期犹太文化中，每个人都被视为一个有生气和活力的肉身，而非一个灵魂的化身；被视为自然秩序的一部分，而非这一秩序中与众不同的作品。在出生时，是神吹来的生命之气促使人类物质性的身体产生了思想和行动，但是在死亡的那一刻，当息劳归主之后，此生作为个体而存在的人就会恢复到虚无状态。所有人都将

追随约伯去往阴间，“就是往黑暗，和死荫之地以先，可以稍得畅快。那地甚是幽暗，是死荫混沌之地；那里的光好像幽暗。”

逝者在阴间继续生活，那是一个缺乏吸引力、与道德无关的影子世界，无法与族人或上帝进行接触。《圣经·希伯来书》赞同前苏格拉底时代古希腊的悲观主义情绪。毕竟，荷马的极乐世界属于精选出来的少数人，厄瑞玻斯的阴间最多为其间的居民保留了一半意识。在了解到自己可以成为死亡王国君主的前途之后，阿喀琉斯对奥德修斯的斥责让人难以忘怀，主人公以“宁愿在小小的田地中做一个农夫或自耕农，也不愿在死亡之国中做一个君主”来总结自己对这一阴暗未来的看法。毫无疑问，古代犹太人的上帝是生者之神，在时间的长河中保持这一社群的完整性和连续性，绝对优先于国家个体成员的永恒福祉。就像印度教努力消灭自我以使灵魂与婆罗门结合一样，在有关来世的讨论中，古犹太教反对个体的中心地位。

然而，犹太人对来世的观点从来不是一成不变的，在被流放到巴比伦后的几个世纪中，他们的观点就开始游移，焦点转向关注自我那游离于群体之外的命运。琐罗亚斯德教（拜火教）和埃及人的想法对这一发展的观念出现所产生的影响不容忽视。但是，在基督诞生之前的几个世纪中，政治流亡和国家灾难的悲剧经历对其影响更大。换句话说，对人类临终看法上的变化，与犹太人社会、文化和政治的变迁密切相关。《何西阿书》（*Book of Hosea*）中提到第三天的复活，以及《以西结书》（*Ezekiel*）中枯骨的复生，也许更可以被看作以色列复国的隐喻；在公元前 2 世纪，第一次明确提到复活是在《但以理书》（*Book of Daniel*）中。我们不再只关注辉煌的国家重建和现世黄金时代的开启，现在我们找到了一个更特别的慰藉，在那里“睡在尘埃中的，必有多人复醒。其中有得永生的，也有受羞辱永远被憎恶的”。

不幸的是,《希伯来圣经》(或称《塔纳赫》)并没有对来世的具体形式做详细的描述,但很明显誓约从对人类命运的关注转到了对个体即将承受的命运的关注,这种重要的观念转变表达了一个原则,即耶和华对个体自我的爱是高于死亡的。在公元前 4 世纪晚期,该地区被希腊统治之后,这种转变无疑又受到了希腊思想的强力影响。柏拉图主义主张一个不灭的灵魂被囚禁于一个有限的和精神容易涣散的肉身之内,这一鲜明的二元论观点主张平静泰然地预见和迎接死亡,认为只有被解放的灵魂才有希望获得真正的觉解,这激发了巴勒斯坦地区的法利赛人的想象力。

在公元前 2 世纪中期,犹太人因为拒绝放弃自己的信仰,而被希腊统治者特殊关照,受到惩罚,犹太拉比们开始声称那些忠于律法的人将再次飞升,享受永生。这可能是第一次将死亡看作朋友,它是一条尽管神秘但却受人欢迎的通道,能借此进入一个更令人满意的广袤现实:在这里现世的时间意识没有了,代之以静态的、不变的永恒。全然解放的灵魂可以解读整个宇宙的秩序,这完全就是属于上帝的视角。

这种转变的另一个特点是受被称为文士的法利赛人支持的,其中包括犹太人关于弥赛亚或救世主的杰出观念。弥赛亚不仅要将那些个体从被压迫的状态下解放出来,还要在恢复重建的生人之地上安置整个犹太民族。撒都该人,或者说上层社会的神职人员,倾向于贬低这些新观念。但到了公元前 2 世纪,法利赛人的立场获得了权威性的肯定,这一点后来在犹太法典《塔木德》(*Talmud*)中得到体现。这不仅仅是像柏拉图式的同一性概念那样,只是认为本性在死亡之际会得到解放,同远离俗世的现实或者说永恒的原则重聚,而是认为随着犹太人在身心两方面对统治者的正义性胜利,和犹太人社群的恢复重建,复活也会随之而来。这是对死亡及来生所做的一次伟大的重新解读,在世俗的领域内单独挑选出一个小的族群加以特殊对待。

19 世纪，犹太教改革派淡化了身体复活的意义，再一次强调了灵魂的永生，但犹太人中的保守派仍然继续接受身体复活的观念。

基督教的倡议

历史上的基督教坚信，我们的世俗之旅是短暂的，只是实现永生之前的序曲，神人一体的基督耶稣的死亡和复活使永生成为可能。历史悠久的基督教对此深信不疑、信仰坚定。需要对这个不友好的世界中的种种艰辛、苦难和不公，报以忍耐和慈悲，以期得到一个伟大的回报，因为那里有上帝的荣福直观。根据使徒约翰所称："但我们知道主若显现、我们必要像他。因为必得见他的真体。"至于现在，据圣保罗所称："我们如今仿佛在对着镜子观看，模糊不清，到那时，就要面对面了。我如今所知道的有限，到那时就全知道，如同主知道我一样。"然而没有基督在十字架上献出自己的生命，没有他作为所谓的罪犯，痛苦和耻辱地死于罗马当局之手，没有基督复活的奇迹，基督教承诺的整个架构就会归零。信仰主义是一种否定了人类独立理性的思想态度，它这个承诺的核心问题；它不认为运用逻辑论证和知识思考就能在这些问题上获得确定性，而是认为一个人必须无条件地相信一个超验事件的真实性。

根据写于耶稣遇难后第 40 年的《福音书》（*Gospel*）中的叙述可以判断出，耶稣接受了法利赛人强调身体复活和个体有来世的观点。但耶稣与许多同时代的人的观点一样，也预计人类历史即将结束。对于那些笃诚的死者，除了保证新生活将是精神性和永恒的，无需婚姻和家庭关系的纽带之外，他也没说出什么特别的话。这个观点在《希伯来圣经》中已有先例。事实上，在耶稣的教义中，唯一一处详细提及来世的就是有关罪人的命运，他们所有人都会在一个地方"哭泣，咬牙切齿""在那里虫是不死的，火是不灭的""他受痛苦的烟往上冒，直到永远。那些拜兽和兽像，受他名之印记的，昼夜不得安宁。”直到最近，基督教对待死亡的方式，仍坚持强调跑偏的人性所面临的负面前景。塑造一个体现着极端宁静和折磨、光明与黑暗相结合的二元论体系，对那些本质上是生活在一个中转站里的人来说，就是为他们提供一个超验的参照点，以便在神圣秩序内定义人类目的之本质。

尽管自信死后有意识的灵魂实体是现实存在，但对于灵魂不朽这一本性的看法，耶稣并不像柏拉图那样认为这样的灵魂在本质上是不朽的。1955年，在哈佛大学的演讲中，德国神学家奥斯卡·卡尔曼（Oscar Cullman）通过对苏格拉底和耶稣之死的描述，鲜明地指出柏拉图学派和新兴的基督教对于永生这一观点的根本区别。卡尔曼将柏拉图的老师沉着冷静地面对死亡，与耶稣的痛苦和恐惧做了对比，前者期待不朽灵魂的解放，而后者则认识到永生是天父所赐的礼物，从不轻易赐给不成器的人类，如果未蒙其赐，则会导致自我意识存在的毁灭。

不可分割的、不占空间的人类灵魂是不朽的，这不是因为如苏格拉底所说的那些起决定作用的特点，而仅仅是出于神的意愿。用17世纪英国牧师约翰·邓恩（John Donne，1572—1631年）的话说就是：“可以毫不夸张地说，灵魂的不朽先是通过保全来实现，然后就会在本质上实现；先是上帝不允许它死亡，然后，它就不可能死亡。”在孕育和出生之间，每个人的灵魂都会被重新塑造，此即“无中生有（ex nihilo）”。复活就等于对死亡的逆转，是由全能的上帝这一出创世大戏的宗师带来的。其实，耶稣强烈关注男人和女人使其生活符合神的命令的需求，这是他对永恒生命的偶然性本质的理解的产物。

基督教中非物质性、不可分割性和非空间性的灵魂实体，位于富有生气的人体之内，不能被定位到头或心脏等身体的任何具体部位。不过，这与独特个体的生命历程有关，因此，在肉体死亡以后，在一般复活、临终或末世之前，它将受到某种形式的意识体验的支配。这种淡薄的死后体验的确切性质将完全依赖于一个人生前的行为，即当还处于肉体中的时候灵魂的所作所为。因此，虽然个体人格由身体和灵魂两方面组成（形而上学的二元论），但是在死后灵魂却要首先面对生前所犯罪行带来的后果；在伟大的最后审判来临之前，肉体将化为骨灰，灵魂将独自品尝神圣审判的最早结果。

同孔子的方式非常类似，耶稣曾警告说，过多猜测复活之后的种种细节，只会让人从为这一大事所做的准备工作上分心。最主要的是，他关心生者的事物，关注人与人之间以及人在上帝面前的行为。因此，耶稣吩咐人们要跟着祂，"让死者埋葬死者"。《福音书》传递的信息是，上帝为所有那些踏上正义之途的人提供了必需的一切，死亡对信徒无能为力。生物性死亡在犹太教早期意味着整个精神–肉体存在的双重消亡，只要上帝的意志不是如此，就不能再摧毁生命。基督代替罪恶的人类所做的前所未有的牺牲保证了非物质实体的存续，使得在复活之日，精神与物质的重聚成为可能。

基督教的人类学

因为《圣经·新约》的27卷经文是闪米特人文化和希腊文明的共同产物，所以随着这一信仰向西传播，也就出现了新问题。不足为奇的是，在这些经文中，既没有关于死亡和来世的明确信条，也没有一个超越特定历史背景的统一思想。事实上，第一次直接谈论死亡主题的，是一位来自小亚细亚塔苏斯的、讲希腊语的犹太人。在耶稣被处决之后很久，圣保罗加入了早期基督社群，他的教义既不关注基督的生命，也不关注其在历史时期结束时担任审判的角色，反而关注耶稣死亡和重返人间的意义，强调的是身体复活之后的精神属性。这就与一种与其竞争的理论观念形成对立，后者呼吁重建俗世的领土，重视身体的复活——因为逝者会回来享受一个新以色列的果实。

正如我们所看到的，这一与之竞争的理论源于犹太人世界的末日思维，他们期望在神的保护和支持之下重建领土。圣保罗的异议是一个更宏伟设计的一部分，在后来的《圣经启示录》中也得到了约翰的支持，其意图是通过把基督教思想从关注复国转向关注建立天国这个更大的目标，以吸引那些非犹太教的听众。圣保罗可能不熟悉有关“空坟墓”的说法，不会将身体死亡视为一个朋友，或将其认作生命的一个发展阶段；相反，他将其看作最后和最大的敌人，而这个敌人只能被基督的牺牲所击败。在他首次写给罗马人的信中，保罗将死亡描述为对亚当所犯罪恶的一种惩罚，这与传统观点完全相反。这样一来，整个死亡体验就被重新定义为一种不自然的结果，是上帝最初对人类的承诺以外的东西，是一种永远都不应该被体验的邪恶。在这种新的分析之下，第一个被上帝按照自己的样子创造出来的人，假设他未曾犯罪的话，就不应该受到连带现在的后裔都要为之感到恐惧和惊悸的诅咒。

在公元五世纪早期，颇具影响力的北非主教圣奥古斯丁肯定了保罗对死亡的根源所做的结论，认为亚当和夏娃“成为罪人，因而受到了死亡的惩罚，并导致所有源自他们血统的后裔子孙也应该遭受同样的死亡处罚”，由此扩大了它的影响。他说罪恶沉甸甸地压迫着不朽的灵魂，而世俗人类的城市吸引着亚当的后代们，把他们从在基督中重生这一目标上吸引过来。除非承蒙上帝给予自己本不配获得的恩惠，否则“整个人类都会受到谴责”。

几个世纪以来，基督教故事的批评家们都坚称，至少在普通公众层面，在塑造男性和女性的行为方面，相比任何对救赎的正面描述或承诺，对炼狱之苦的恐惧都是一个更为强烈的因素。当然在中世纪和现代早期的说教文学中，肯定可以找到大量证据来支持这一观点。举个例子，16 世纪天主教殉道者托马斯·莫尔（Thomas More）在一篇未完成的、名为《万民四末》（*The Four Last Things*）的论文中指出，通过"深切想象上帝所降下的可怕厄运，以及每个人都会在其中经历和走出多次死亡的炼狱和地狱的痛苦"，就是让信徒避免犯下罪孽的最好办法。随后的教会领袖们接受了这种严酷的观念，并将其作为信徒重建田园生活的行动计划的一部分。

伊斯兰教派生组织

作为世界上主要的一神论信仰传统，最年轻的和发展最快的宗教——伊斯兰教首先起源于阿拉伯沙漠地区。在这里，为数不多的城市是商人的汇聚点，他们的商队将美索不达米亚和埃及以及印度河流域联系在一起。在旅行中，很多阿拉伯商人接触到犹太教、琐罗亚斯德教和基督教思想；一些人甚至在沙漠飞地上形成了小的宗教团体。在伊斯兰教诞生之前，阿拉伯地区环境严酷，游牧为生的贝都因人部落生活在其间，大部分人的生活都仅够温饱。考古证据表明，这些人都信奉一种多神教，这是围绕天上和与气象有关的一系列神灵组成的宗教。随着与地域和天气相关的当地神祇的崛起，形成了一种万物有灵论的信仰，相信鬼魂和恶魔或者神灵活跃在生活的各个方面。死者被小心翼翼地加以掩埋，并提供墓葬用品来帮助那些结束了游牧漫游的人，但没有迹象表明人们相信独特的死后存在。

后来成为先知的穆罕默德（Muhammad，公元 570—632 年）生于麦加城，是被古莱氏族部落的一个大家庭抚养长大的孤儿。在穆罕默德年轻时，麦加已经成为沙漠商队的枢纽站，更重要的是，还是那些来参拜黑色圣石"克尔白（Kaaba）"的朝圣者的中心。传统上认为，希伯来族长亚伯拉罕在与他儿子以赛玛利一起进行长期访问时，在这块巨石周围建造了一座庙。穆罕默德开始从事商业工作，在 20 多岁时娶了他富有的雇主。她是一个寡妇，她所拥有的商队业务无疑让她的雇员们能广泛地接触到社会和宗教思想，而这对于传统牧民来说还是很陌生的。

按照传统描述，穆罕默德是一个勤于内省的人，经常会长时间独自待在附近的山洞里孤独地祷告和反思。在他 40 岁时，这个总是沉思默想的重要人物突然听到一个声音在召唤自己，叫他背诵唯一的真主安拉通过天使长加百列（Gabriel）转达的消息。在接下来的 20 年间，穆罕默德断断续续地做着这件事情。他早期的追随者把这些内容记录下来，并在他去世后，致力于用阿拉伯语把它写出来，这就是被称为《古兰经》的伊斯兰教神圣经文（Qur’an），它被认为是绝对正确的。作为安拉的使者，穆罕默德是从摩西到亚伯拉罕再到耶稣这一漫长谱系中最后一位伟大的先知。犹太教和基督教的宗教经文中充满了戏剧性的叙事和形象鲜明的人物，这虽然对穆斯林来说很重要，但仍次于真主安拉在《古兰经》中最后和最神圣的启示——因为那是祂的原话。

因为有着一神论的坚实基础和与早期犹太教和基督教传统的联系，死亡和来世这一主题不管是在《古兰经》中，还是在后来记录先知语录和习惯的，被称为《穆罕默德言行录》（*Hadith*）的书中，都有很多意味深长的细节性描述。死亡的起源可以追溯到亚当和夏娃的原罪，他们因此被永久逐出伊甸园；他们的后代在自然生命之外得到了死亡这一喘息的机会，得以回归正道并通过正当的做法确认自己对上帝的臣服。在先知穆罕默德看来，生命是一个延长了的准备死亡的过程，真正的信徒需要按照他们的最终命运来考验每一个日常行为和决定。

鉴于《古兰经》强调来世的物质方面，该信仰的核心就是强力肯定最终审判之后的肉体复活。对信奉该教的信徒来说，火葬从来就不是一个选择。死后尸体很快就会用普通的棺材装裹起来埋葬，墓地的外表也很平常，所有这些都符合《古兰经》中强调的灵魂平等。在死亡和复活之间有一个中间阶段就是大多数人的临时命运，但与基督教一样，核心经文也并没有指出其确切性质。《穆罕默德言行录》及其随后的评论共同构造了一幅混合性画面，即罪人和被赦免的人都能预见到他们永恒的命运，但这一过渡期本身常被描绘为一个无梦的状态，其间生者与逝者之间不存在任何沟通的可能性。但这对于这一信仰中那些英勇的殉道者并不适用，他们和基督教的圣人是一样的，在完成困难的俗世使命之后会直接升入天堂。

伊斯兰教预言会有一个戏剧性的终结，在救世主马赫迪（Mahdi）到来后，现世的人类故事就会结束。逊尼派担负着粉碎压迫、击败真正的宗教敌人的使命，他们将马赫迪与先知部落中的一名成员联系起来，而什叶派则将他与第十二世伊玛目（Imam）、穆罕默德·马赫迪·蒙塔扎尔（Muhammad al-Montazar）联系起来。伊斯兰教的这两个主要分支都相信，救世主马赫迪的统治会在地球上恢复和平和正义，为基督返回耶路撒冷做准备，这意味着历史的终结，象征着复活之日和神圣审判日。《古兰经》以极其详细的细节描述了这一天将会发生的事情：尸体像蝗虫一样从坟墓中蜂拥而出，天空裂开，山陵夷为平地。信徒们将对书中的每个词句和提到的每个行动进行缜密的分析和研究，精确地思量如何循此而行。伊斯兰教是一个主张通过行为获得救赎的宗教。

天主教的方法以及新教对其所做的修正

基督教对人性的看法既深度压抑，又很迷人，它有可能同时促成协同性改革和在不知不觉间加剧绝望。就这一特征而言，它是举世无双的。在欧洲中世纪的中晚期，它的这两种作用都得到了充分体现，其时整个文化，无论是神职人员还是普通人，无论是年轻人还是老年人，无论是富人还是穷人，看起来都对死亡这个问题感到着迷。对个体灵魂命运的关注，尤其是早期基督徒曾热切期待的末日时间的明显推迟，导致了为罪人临时设立死后路标这一发明。这个中间地带，或者说炼狱，成为一个关键范畴，影响了中世纪天主教教派的思想、组织甚至是建筑。

在死亡和最终审判之间的这段时期，教会当局认为灵魂在身体之外体验着自己的生命。13 世纪圣托马斯·阿奎那的描述是，优点和缺点“只是通过灵魂而被放置到身体上”，因此就可以合理地推断，既然“是灵魂首先对人的优点和缺点负责，那么在接受惩罚或奖励方面也应该如此”。正如历史学家雅克·勒高夫（Jacques Le Goff）所观察到的，灵魂在炼狱中“被赋予自成一格的物质性”，因此，按过失程度进行的赎罪性惩罚就是用肉体体验来进行描述的。

虽然对获得终极救赎很笃定，但人们相信，灵魂在炼狱所遭受的痛苦一点也不亚于即将在最终审判后降临到罪人身上的那些惩罚。为了让没受过教育的信徒能对这些炼狱的痛苦有切身体会，教会当局提出了一种与肉体感觉相关联的类比说法。在但丁《神曲》的第二部分“炼狱篇”中，作者害怕被他的向导抛弃，因为他看到自己前面只有维吉尔的影子。但是维吉尔与但丁同在，只是换了一个身体罢了，这具身体对一个既不是被诅咒的，也不配得到永恒幸福的人是合适的。炼狱中的身体是来自全能的上帝的命令：

> 去受苦遭罪，有寒冷也有酷热，
> 身体喜欢这个，所以上天才奉送，这是如愿以偿，
> 但这一切是如何发生的则是天机不可泄露。

当然，绝大多数人必须准备在这里经历痛苦，只有那些真心热爱上帝的人，那

些不是出于对地狱的恐惧，而是为了造物主的更大荣耀而不犯罪的人，才能躲过这一罚当其罪的酷烈的淬炼之火。在中世纪繁盛期，越来越多的人相信天主教弥撒可以缩短灵魂在炼狱中本来需要遭受的痛苦，这导致了被委任的牧师人数激增。事实上，一个全新类别的“小教堂（chantry）”牧师出现了，他们专门致力于为已故者做祈祷，而这也成为精英阶层的“标配”。如果运气不佳的话，就只能依靠亲人、邻居和其他公会和兄弟会的成员为自己祈祷了。所有这些人都能为缩短信徒们在炼狱中受苦的时间而发挥至关重要的作用。

这对濒死者来说不仅是一种慰藉，所有这些信念使得亲人的离世根本不会到此为止，生者可能要开始参加各种仪式，如永生弥撒、周年祭奠和修建纪念性建筑等，其目的旨在维护生者与逝者之间的联系。其中最受欢迎和一般人负担得起的、旨在延展生者与逝者之间互动的，是被称作“圣格雷戈里追思弥撒（the trental of St Gregory）”的仪式，在葬礼日之后连续举行三场弥撒。举例来说，据估计15世纪下半叶，在英国的小镇圣埃德蒙兹伯里（Bury St Edmunds），有28%的立遗嘱人都支付了10先令做弥撒所需的费用，充分说明了教会教义在死亡问题上的影响力。“诸灵节（Feast of All Souls）”时教区成员都聚集在一起，围绕着教堂墓地和被祝福的死者的坟墓游行，保证那些没有在世的朋友为之祈祷的逝者也能得到社区的帮助。15世纪，教堂的装饰开始变得前所未有地富丽堂皇。这是因为富裕的崇拜者们试图通过慷慨的捐赠来缩减他们即将在炼狱遭受的痛苦。教堂装饰，连同为法衣、圣餐杯和雕像所捐赠的款项，使捐助者有机会让他的姓氏出现在未来教区居民面前，即把逝者的名字镌刻在捐赠物上。捐赠者希望当他们死后，教区居民可以继续为他们的灵魂祈祷。

中世纪晚期，特别是可怖的黑死病（1347—1349年）之后的那个世纪（有超过三分之一的忠实信徒都在那场瘟疫中死去）是一个“死神翩翩起舞”的年代，无所不在的死亡被描绘成在一具自鸣得意的尸体的召唤下，每一个人都说死就死，很快烟消云散。在教会和私人小教堂中，爬满蛆虫的腐尸烂肉是司空见惯的景象，既令人作呕，又会立即激起人们无论付出什么代价也要悔罪的心理。在英国，双层墓（doubledecker transi）是牧师们最喜欢的坟墓形式，安睡的逝者的石头雕像放在顶层，身上穿戴着全套牧师的配饰，与之形成鲜明对比的是，在底层安放的是死者腐烂的、令人作呕的尸体，象征着无论在尘世的地位如何，所有众生都会骨枯肉烂。这样做是希望看到此情此景的人能受到触动，至少在预期的时间内能发心向善，明白某一天同样的命运可能就会降临到自己头上，因此应该用自己的物质财富为他人谋福利，为上帝增添更大的荣耀。这就是刻在石头上、在葬礼布道上和剧作家的作品传递和演绎出来的阴郁信息。

针对死亡所做的准备工作的核心——特别是在最后的挣扎阶段已经开始、结局也已得到所有人理解的情况下，是一系列理念和做法，被称为“临终的艺术（Ars Moriendi）”。神职人员和世俗人士都被寄予厚望，要掌握好这一过程，这在15世纪的官方文献中有着详细的论述。这一做法的目的是在身体死亡来临之前的最后时刻，帮助幡然悔悟的罪人准备应付撒旦的攻击。临终之人、家属和照护者以及前来送终的神职人员，各自该如何祈祷、如何正确行事，都有具体安排。“临终的艺术”将濒死者的临终之榻描述成了就逝者灵魂的命运与撒旦展开最后斗争的战场，这是一场精神之战，赌注高到了能够想象的极限，并且直到生命最后一刻，胜负依然难见分晓。

在中世纪，死亡在很大程度上是一个公共性的过程，家人、朋友和牧师（他们是基督任命的战士）为了临终之人的利益，共同战斗。礼仪礼节都很清晰，甚至对“请来”提供协助的这些中间人的等级次序都有具体规定，基督永远是第一位的，他做出的至高无上的牺牲成为罪人和地域诅咒之间的一个缓冲。圣母玛利亚排第二位，通常与临终之榻联系在一起，即使是最任性不羁的人也会将其视为盟友。圣徒也在受请之列，特别是"施洗者约翰"和"福音传道者约翰"，期待他们在最终审判之日能为逝者祈祷。这一方案是如此受欢迎，以至于通常会在遗嘱的前言中出现，要求在处理逝者的俗世财物之前先进行代祷。

基督教和圣经的权威

对16世纪的改革家们来说，福音书的丰富多样性产生一个特定的问题；对中世纪天主教信仰和惯例中的一些重要部分，他们持反对态度，但其中最具挑战性的，莫过于在死亡和最后审判之间的这个空间内，身体和灵魂所经受的命运。《圣经·新约》的文本从各种各样的犹太来源中吸取了很多内容，给出了相互矛盾的解释。《圣经·约翰福音》中对基督即将返回人世满怀期待，书中主张："你们不要把这事看成稀奇。时候到时，凡在坟墓里的，都要听见他的声音，就出来。行善的复活得生，作恶的复活定罪。"类似的还有出现在《圣经·马太福音》中的"绵羊和山羊的寓言"，圣马太将最后审判与基督的二次降临联系起来。圣保罗的话在后面的几个世纪中引起了相当多的争议，他将死亡比作"睡眠"，是真正的死亡和新生之间的居间阶段，因此，主张基督徒的希望焦点应该是主的荣耀回归时刻。但是《圣经·路加福音》却断言，死者正在经历他们最终的命运。在一个有关财主和穷人的寓言中，我们发现其所举的例子是，一个人的灵魂立即被放入"亚伯拉罕的怀中"——正如公元3世纪早期的教会作家德尔图良将其描述为通往天堂的前厅，而为富不仁的人则必须马上遭受疼痛和惩罚。同样地，耶稣向和他一起被钉在十字架上的罪人承诺说："我实在告诉你，今日你要同我在乐园里了。"这似乎象征着只要人一死，奖赏或者惩罚就会随之而来。

在 16 世纪早期，新教废除了这一理念，不认为还存在这么一个地方，脱离了肉体的灵魂在基督重返世间之前，会遭受这种补救性的痛苦。这是一场针对复杂的忏悔体系所开展的更广泛攻击的一部分，这一攻击似乎抹杀了基督牺牲的功绩。在此之前已经出现了各种各样的反对教派，包括 12 世纪法国的华尔多教派以及 14 世纪后期英国的罗拉德派，对炼狱的所有抨击都旨在结束中世纪时在罗马天主教教会中悄然蔓延的那些弊端和陋习。

奥古斯丁派的一名修道士是得到任命的牧师，也是位于德国萨克森州教区维滕堡大学的教授，他对整个炼狱的架构提出了质疑。在被授予神职之前和之后的几年中，马丁·路德（Martin Luther，1483—1546 年）努力想搞明白罪人如何才能得到救赎。他专注于研究使徒保罗的教义和希伯来圣经的诗篇，并在 1517 年得出结论，并且这结论也为一小部分神学家同行所赞同：救赎并不是自己赢得的，相反这是一个来自正义又慈爱的上帝的慷慨馈赠的礼物。圣保罗宣称“义人必因信得生”，使得路德与该教派上层人士的观点发生冲突。

天主教所主张的善行在追求救赎中具有重要性的观点，使路德感到困惑，但教会倾向于把教皇控制的赎罪券的销售，与以《圣经》为标准判断毫无根据的行为联系起来。赎罪券最初很清白，以慈善捐款的形式开始，用于换取神职人员的职位，后来逐渐与忏悔（这是为犯下的罪恶感到悲伤的外在表现）挂上了钩。赎罪券始于 11 世纪晚期，作为一种保险凭证发给那些为基督教圣地而战的人，以保护对他们在战斗中所犯的罪行。在 13 世纪，教皇支持这一观点，承认基督和祂的圣人们在天堂已经积累了大量的功绩，可供忏悔过的罪人来抵用。有人认为，赎罪券可以用来减缓炼狱的痛苦，能给购买者和死去的亲人带来益处。甚至有一些人开始将购买赎罪券与足以赢得救赎的美德善行等同起来。一旦认识到这种附加活动的巨大经济潜力，滥用和弊端就大大增加了。

路德对赎罪券提出质疑的目的是，在教会领袖中促成一个严肃的学术争论。他的《关于赎罪券的意义及效果的见解（九十五条论纲）》（*Ninety-five Theses on the Power and Efficacy of Indulgences*）在发表后几周之内就被从德语翻译成拉丁文，同时神圣罗马帝国内外的出版社都保证印本充足，可供读者广泛阅读。新教改革已经开始，其起源深深根植于对来世的场所和逝者体验的争议。

作为对罗马天主教会所犯错误的反击，新教领导人开始贬低葬礼仪式的神学意义，把它降级为一个简单的遗体处理过程。在英国，宗教改革努力摧毁人们对个人代祷的狂热追捧，这反映在 1552 年对《公祷书》（*Book of Common Prayer*）的修订上，这本书中所有为死者进行祈祷的内容都被删除殆尽；而在 1563 年伊丽莎白时代出版的《三十九条信纲》（*Elizabethan Thirty-Nine Articles*），认为那些宣称炼狱的教条、圣人的祷告和崇拜遗迹之类的"上帝话语令人反感"。在随后的 17 世纪旷日持久的内战中，这些清教徒反对派于 1644 年出版了《公共崇拜指南》（*Directory of Public Worship*），其中给出的指导是"遗体必须要从家中被体面地运送到公共墓园，立即埋葬而无需任何仪式"。因为在遗体前祈祷、歌唱和阅读对"逝者毫无益处"，清教徒坚持这种做法必须予以废止。

随着天主教的炼狱概念从改革后的基督教思想体系中被移除，罪人为其灵魂的终极状态所背负的负担被放大了，死亡被提升为最终审判的实际场合。路德带有试探性的期待，即"在神圣慈悲的深处，在未来的情形之下，人可能会有机会赢得救赎"，在其 1530 年出版的《否定炼狱》（*Disavowal of Purgatory*）中被抛弃了。正如历史学家基思·托马斯（Keith Thomas）指出的那样，生者现在不用再负担逝者来世的命运，这两者之间唯一的联系就是荣誉和回忆。

灵魂睡着了

尽管对基本的人性抱有严厉的观点，但并非所有的新教观点都执着于当死亡降临时，那些不思悔改的人们即将面临痛苦。路德将死亡视为从罪恶中解脱出来，是一座与上帝建立起更亲密关系的桥梁。他建议："我们不仅不应畏惧死亡，甚至要对之怀以期待；死亡对亚伯来说是一扇门，对每一个正直的人来说也同样如此，经由它可以从人性到神性，从尘世到天父那里，从痛苦到荣耀。"17 世纪中叶，英国牧师威廉·德拉蒙德（William Drummond）将离世过程描述为"只不过是一个短暂的甚至甜蜜的叹息，并且……不值得回忆"；著名的祭礼学者杰里米·泰勒（Jeremy Taylor）对死亡体验轻描淡写，认为它是"无害的事情，没有一个善人会认为死亡更痛苦，而是更幸福"。

但由于对新教徒来说，作为神的选民（Elect of God），死后能立即升往天堂是难以想象的，那么天主教炼狱的某种替代物似乎就在所难免了。在公元一世纪脱离罗马之后，就出现了一个更有争议的解释，认为在死亡和一般复活之间，存在着一段不朽的灵魂休息或睡眠的时间。在其早期作品中，路德似乎对灵魂休息的论调不置可否。他在对《圣经·新约》希伯来书的评论中引用了圣约翰·克里索斯托（John Crysostom，公元 344—407 年）的语句，认为"死亡只不过睡着了"。首次将《圣经》直接从希伯来文和希腊文翻译成英文的是英国学者威廉·丁道尔（William Tyndale，1494—1536 年），他也同意路德早期的观点。爱德华六世时期，坎特伯雷的新教大主教托马斯·克兰麦（Thomas Cranmer，1489—1556 年）非常关心灵魂睡眠论观点的传播，并在 1552 年的宗教教纲中宣称，死者的灵魂既没有死去但也没有无所事事地睡着，这为随后于 1563 年诞生的英格兰教会的《三十九条信纲》（*Thirty-Nine Articles of the Church of England*）奠定了基调。约翰·加尔文（John Calvin，1509—1564 年）坚决反对灵魂睡眠论，1534 年在其所著的《灵魂待苏说》（*Psychopannychia*）一书中旗帜鲜明地阐述了自己的观点，并且产生了深远影响，以至于之后的英国清教徒仍对此概念抱有敌意。到了 17 世纪中叶，清教徒占主导地位的议会仍然呼吁将那些认为在呼吸停止之际灵魂也睡着了或死去了的人予以监禁。

加尔文拒绝接受把“灵魂睡着了”这一激进的说法作为炼狱说的替代品，因为这与天主教中关于人死之后会如何的观念类似，给他留下了不快的预期。正如他以一种不太确切的方式所承认的那样，上帝的选民中最近死去的灵魂必须享受“上天所赐的安眠，在那里，他们满心欢喜和愉悦地等待上帝所承诺的荣耀带来的果实”，然而被诅咒的人将会被“锁链限制和约束”，每种状态“在最后的审判之前都有预兆”。也许是因为意识到这个立场与天主教的标准有相近之处，他坚称“对中间状态过分好奇的探究既不合法也无用处”。

无论合法与否，《哥林多前书》（*Corinthians*）的圣保罗书信和《使徒行传》（*Acts of the Apostles*）中所描述的睡眠和死亡之间联系的观点，到 16 世纪晚期，用伊丽莎白戏剧中的语言来说，已经成了“最陈腐的陈词滥调”。在 17 世纪，那些基督教身心同亡论者或条件主义者，包括颇有影响力的英国浸礼会教友理查德·奥弗顿（Richard Overton）和清教徒诗人约翰·弥尔顿（John Milton）在内。他们坚称自己的立场在有关灵魂存在的偶然性本质方面，确证了基督教教义的完整性。无论如何，灵魂会在最后审判日复苏或觉醒，这为“灵魂的连续性是上帝特意而为的礼物”这一说法提供了最有力的证据。此外，基督教中赞同“灵魂睡着”观念的人，也坚持认为他们的立场反映了早期教义，而在奥古斯丁之前的拉丁教父中，没有人提及在一个临时的过渡场所还存在炼狱的折磨，这也为他们的观点提供了一些佐证。

但是对于那些厌倦了为在死亡和最后审判日之间是否存在中间阶段而辩论不已的基督徒们来说，只是简单地相信身体会奇迹般地复活，就为他们提供了可以打破这一僵局的唯一方案。身体会死亡，不存在任何中间阶段，没有意识的存在，没有线性的时间空白需要用预备性的赎罪程序来填充：这似乎是最经济的方案。人格由复活的身体和一个非物质的灵魂构成，不管后者发现自己在身体消亡之后将以何种方式存在。只有在时间终点，上帝才会奇迹般地重新创造每个人，就像他在时间之始从虚无中创造了宇宙一样。神学家和哲学家之间的理性角力无助于理解上帝的广大智慧，这是一个无所不能的上帝所给出的选择。只有摆脱理性解释和实证路标的桎梏，一个人才有可能接近真正理解来世这一承诺，这是一份无功而得的礼物。

庇护所和确定性

将近两千年来，大多数基督徒都接受了教会当局为他们设定的人类命运的大致轮廓，天主教徒和新教徒都一样。虽然天主教传统中接受了教皇的神圣权力，并且国家性的新教教会的严厉专制为其提供了知识背景，但身体惩罚和奖励还是框定住了他们的分析思路。在 19 世纪，尽管启蒙运动的理性主义和科学方法对这种非理性的探究模式产生了侵蚀性影响，但教堂建筑、宗教职业以及去教堂的人数还是创下新高。有许多做法都可以用来区分现代基督教，包括主日学校、圣经课程和宗教出版物等百姓买得起的东西，这都是 19 世纪的产物。

新一代的自由神学家很快接受了理性、自由思想和科学发现的观点，包括进化论的观点，这些绝不会站在信仰之旅的对立面。新教再次强调了实用伦理、社会福音、文化进步和诸如节制、自力更生、志愿服务等个人美德。人们对神力的理解更为仁慈，这导致地狱作为一个可怕的、对人施加永无休止的惩罚的场所这一观念开始没落，这个重要的转变随后对天主教思想产生了影响，并导致第二次梵蒂冈大公会议（Second Vatican Council，1962—1965 年）所进行的改革。毫不意外的是，尽管神职人员和世俗民众都以更平常的口吻来描述天堂，但在两种传统中，天堂仍保留了其头等重要的位置。尽管细节依然难以捉摸，人们仍自信地假设，在这个世界之上存在一个神圣的现实，供人们恭敬地向往。

基督教更为重大的转变发生在 20 世纪，这包括所谓“主体转向（subjective turn）”在内。高度强调个人自治和人权，质疑权威，公众普遍对等级化程式、强制性教义和制度性指令感到不满，这导致西方到教堂来做礼拜的人数急剧减少，对教会的支持率也大幅下降。但个人宗教信仰和精神性似乎仍然强劲。特别是类似于天堂目的地之类的信念，仍然继续给焦虑的人以安抚，给悲伤的人以安慰，给流浪者以救济，给心烦意乱者以安宁：似乎天堂仍是一个引人入胜的人类兴趣所在，正巧作为它的对立面存在的惩罚性地狱，其地位也被恶毒的神话取代了。

1935 年出生的当代神学家约翰·鲍克（John Bowker）将宗教情感描述为一种古老的生存技术，这是“最早的防护体系，我们有证据表明，在这一环境下，人更容易存活下来，更容易生儿育女，并将其抚养成人”。世界上有一些宗教注重探求内心真理，用不同的术语诸如启蒙或虚无来表达，被称为“反演体系（inversive systems）”。其他某些宗教则将眼光向外，将精力主要集中在群体内部的关系以及与外部神祇或者上帝这位永存的造物主的关系上面。但是鲍克反驳说所有宗教都是一种文化体系，为人类提供保护并提高在此生持久生存的机会。它们提供可以延长人类寿命的行为模板，还能让人们为了共同的事业而聚集在一起。

在人类历史的绝大部分时间里，宗教都是人们在面对一个更高的现实存在时的当下体验，而并不是（至少早期不是）关于一个传说中的来世的体系。对吉尔伽美什来说，没有能够给人补偿的来世；直到相对较晚的时期，在整个犹太教的经文中都没有提及永恒的福祉，而在儒家学说中除了不可知论就更没提及此事。今天，世界上的几个主要宗教传统都赞同人死后仍会继续存在的观点，其形式包括个人精神化了的身体，或者把人的个体身份以非个人化的方式融入一个更大的现实存在中。甚至在世俗化的西方，对庇护所的需要和对确定性的追求仍然意义重大。对大多数人来说，这种在生活的各个方面都畅行无阻的世俗化进程，在死亡即将降临之际，就会戛然而止。

A BRIEF HISTORY OF DEATH

第4章
人类生存的艰辛

导致人类死亡的几大元凶

17 世纪的英国神学家约翰·多恩曾写道“死亡并非什么了不起的事情”，他的意思是死亡无处不在，它支配着每个活着的人。尽管死亡是每个人的必经之路，但在不同的时间和地点，情况却又千差万别。在工业革命之前，地球似乎是个特别不友好的东道主，人类饱受周期性的惊扰、难以解释的自然灾害和神秘的疾病折磨。通过社群性努力，人类才能偶尔躲过大自然最严重的灾害，但人类最终所处的环境和粮食生产都受制于更大力量的摆布。有时，人类这个物种内部自相残杀的倾向标志着其社会环境，比凶险而充满敌意的自然生态环境还要严苛。自从智人出现以来，个人、家庭和氏族矛盾常常导致暴力冲突和恣意杀戮。不想要的婴儿经常被丢弃，不受尊重的邻居会受到攻击而攻击者却不受责罚，自恋的君主会习惯性地使用暴力对付自己的臣民和他国的无辜民众。

你可能会怀疑在这样长期不利的环境中，他们会比我们更频繁地想到自己的死亡。在每个家庭和社会中，死亡的迫近及其常态性和直观性，使得人们对自身结局的认识更加具体，更少意外。当然不论其中包含着何种程度的恐惧，它更多的是与死亡过程有关，而不是与死亡后的状态有关。正如我们所见，关于人的死亡及身后的世界，几种主要的信仰传统都拿出了高度美化的路线图。但是在 19 世纪人们发明出有效的姑息医学之前，死亡过程通常是非常痛苦的。医生无法治愈任何严重的疾病，最多只能提供预防性的建议而不是治疗技术。病人不得不遭受巨大的痛苦，而爱莫能助的亲人——同时也是病人的主要照护者，则要目睹死者在极度痛苦中死去。那些奇怪的疾病更是元凶，神秘的大自然似乎以万物为刍狗，对罪人和圣人同样麻木不仁。

在最近几个世纪中，强大的民族国家投入科学和工业资源来改善人们的物质生活条件，但也以前所未有的程度和惊人的规模经济水平摧毁着生命。战争变得更加致命，武装人员和平民之间的差别消失了；地区冲突和全球战争的破坏性不断加剧，强大的世俗意识形态使得成千上万的人失去生命。如果说在20世纪末期，死于外部国家的力量还嫌不够的话，西方完全成熟的资本主义者和消费导向的经济，导致人类的生命和身体又面临很多新的、自戕性威胁。虽然中产阶级久坐不动的生活方式是前几代人曾经的梦想，但现在却开始在全球范围内造成越来越严重的健康问题。环境恶化、迅猛发展的工业和无法满足的消费主义所造成的那些意想不到的后果，也成为一种对人类健康和长寿的新威胁。自然和社会因素的强力结合使得人类的死亡事件变得多元化，远远超出了我们最早的祖先所能想到的范畴，使得表面上看起来提供了物质享受的现代生活，反而像几百年前一样全然充满了危险和不确定性。

大自然的冷漠

虽然我们对450万年前文明出现之前，那些威胁我们祖先的疾病，没有任何书面证据，但考古证据和骨骼残骸提供了一些线索，说明当时可导致传染性疾病的病毒和细菌感染相对较少。正如我们在第1章中所评述的，分散的采集狩猎者社群从来不会在一个地方安营扎寨时间过长，所以不会堆积过多的垃圾，或者将水源严重污染到足以传播疾病的程度。在热带地区中，史前的采集狩猎者确实面临着许多强大对手的威胁：寄生性微生物（以人类组织为食的病毒和细菌）；大型动物捕食者和意图掌控一个特定区域的其他人类群体。

但是社会和文化的进化使得这些早期人类更适应温带的气候（以及更不容易致病的）环境。住房得到改善，用兽皮制成的保暖服装也出现了，身体与各种外界物质不再那么直接接触。尽管如此，随着人类狩猎能力的增强，大型猎物的数量开始下降，使得人类不得不开始控制人口生育。有人还怀疑这些状况导致了营养不良和过早死亡的不断出现，进而导致狩猎团体之间的冲突频率和强度加剧。事实上，人口规模从来没有发生过爆炸性增长，这更多地与早期人类易于与野生动物和其他人群发生暴力冲突有关，也与衰竭性疾病带来的人类死亡数量几乎一样多。在公元前12 000年左右，所有这一切都发生了改变，因为人类不需要再追逐他们的晚餐，而是开始以种植谷物为生。

疾病和瘟疫

人类转向定居的生活方式，并为了人类自身而开始对自然环境进行根本性的操控（换句话说，就是对植物和动物进行驯化），为疾病病原体找到合适的人类宿主带来了前所未有的机遇。植物和动物为人类提供了更丰富、更多样化的食品供给，为抵御寄生虫的威胁提供了一些关键的营养物质，但这种好处可能已经被来自动物的较高的疾病传染率抵消了，因为后者现在经常与人类密切接触。在耕种之前要翻整草皮，就会让早期的农民处于新的昆虫和蠕虫的威胁之下。早期河谷文明的灌溉农业，使个人和群体更多地接触到水里的寄生虫，它们可以穿透皮肤进入血液中。狗、牛、绵羊、山羊、马和家禽都会患上和人类一样的疾病，而且老鼠、虫子和昆虫，包括蚊子和虱子等，也都同它们不知情的宿主之间建立了危险关系。

农业生产可能会促使人口出生率飙升和领土国家形成，但它也导致了在全球范围内产生了新的、让人难以理解的死因。随着文字的发明和记录的保存，那些理智的领导人开始推测那些猖狂肆虐的疾病和致命疾病的起因。在美索不达米亚、埃及、印度和中国，人们通常都认为疾病是恶魔、魔鬼和恶灵造成的。后来，医生们遵循盖伦（公元131—201年）和阿维森纳（Avicenna，卒于1037年）确立的指导方针，将疾病归因于定义模糊的瘴气或毫不节制的生活方式而非微小的微生物体。某些人的恶意行为会导致疾病，这种说法看起来与任何其他解释一样合情合理。疾病的微生物理论要等到20世纪初叶才会出现。

到了公元前500年，在欧亚各个主要文明中，病原体开始对人口产生了一个相当大的负面影响。寄生性微生物衍生出很多像天花和流感之类的致命杀手，可以直接在人与人之间传播而不需要通过其他任何载体。虽然随着时间的推移，人类可能会对某种特定疾病产生免疫，但有组织的军队和商人的流动性加大，这就意味着致命的疾病可以被随身携带，导致那些从前与世隔绝的地方也会发生大规模的瘟疫。战士们都来自不同的流行病学区域，通常携带着某种传染病，但“战争区域的居民对这种疾病很少或没有获得后天免疫”。其结果总是灾难性的。希腊历史学家修昔底德（Thucydides）记录了在伯罗奔尼撒战争（Peloponnesian War）早期阶段（公元前430—前427年），发生在雅典的一场瘟疫所造成的影响。修昔底德本人在这场未知的瘟疫（很有可能是天花）中幸存下来，而大多数病人会在遭受了七到九天的折磨后死去，他描述了这个痛苦的过程：头痛、发热、呕吐、剧烈咳嗽、无法控制的痉挛、腹泻和脱水、抑郁和精神错乱，所有这些症状一齐发作，令人痛苦不堪、饱受折磨。有人估计，该城市三分之一的人口在这次瘟疫中丧生，包括他们的领袖伯里克利（Pericles）。修昔底德指出，在这场瘟疫之后，法律和丧葬习俗一度崩解。家庭成员会将亲人的尸体抛弃，尸体会被扔到为其他死者堆积的柴堆之上草草烧掉。医疗艺术和宗教仪式被证明同样无效，这导致一些人开始拒绝接受传统社会的规范。“没有人愿意热情地去应对那些由似乎高尚的目标所带来的额外困难，因为他们不确定自己在实现目标之前会不会先死去。不管什么东西，只要能让人及时享乐，只要有利于自己获得及时享乐的机会，那这些东西就是高贵而有用的。”疫情最终结束，但雅典输掉了战争，再也没能恢复昔日的地区影响力。

雅典当然不是特例。随着罗马人征服了大部分地中海国家，在公历纪元的头几个世纪里，这些国家变成了现在的西欧国家，瘟疫也随着武力推进的后尘而长驱直入。公元 2 世纪中叶，在马可·奥勒留统治时期（公元 160—181 年），所谓的安东尼瘟疫持续了 15 年之久，所波及之处可能导致了三分之一至一半的人口死亡，极大地削弱了防御能力，也使得军队士气非常低落。劳动力成本上涨，税收收入大跌，大型建筑项目烂尾。此外，季节性疟疾似乎在帝国的低洼地区盛行，导致整个地区死亡率上升，干扰了军事备战能力。

公元 541 年，拜占庭首都君士坦丁堡发生瘟疫，每天都有成千上万人死亡。城市人口过多，居住密集，更加重了瘟疫蔓延造成的后果；而一旦感染，死亡率就高达 60%~80%。城市毁灭的可怕例子在每一个文明中都有可能成倍增加。事实上，直到最近的时间，所有城市——那些商业、文化和知识活动表现活跃的中心地区，不得不依赖从农村地区不断涌入的移民，来顶替在周期性流行的传染病中丧生的人口。城市令人愉快和丰富多彩的生活方式确实成本不菲，尤其是对小孩子们来说，因为他们面临着感染天花和麻疹的特殊风险。

大灭绝

欧亚大陆历史上有记录的最严重的自然灾难，是爆发于 14 世纪中叶的腺鼠疫；同时代的人将其称为“大灭绝（great dying）”，19 世纪初期的医学家和历史学家赫克（J.F.C. Hecker）将其称为“黑死病”。鼠疫很可能起源于中国，1320 年的文献中记载了大量的死亡案例；黑死病的出现和传播造成了数以百万计的人口死亡，极大地破坏了世界主要文明的社会和经济结构。穆斯林编年史学家伊本·白图泰（Ibn Battuta）于 1348 年到了叙利亚，他看到，在大马士革每天都有 2400 多人死亡。中东有大约四分之一到三分之一的穆斯林死于瘟疫。从 1347 年开始，通过那些从黑海附近港口返航的热那亚商船，瘟疫从东方传入西欧。这些船只在墨西拿、比萨、热那亚和马赛卸货交货（官方和非官方的）。接着商品就和疾病一起沿着河谷一直向上，也沿着商业的通衢大道和岔路小径不断渗透。尽管在前一年西方已经对中国和印度发生的荼毒生灵的大灾疫情有所报道，但没有人预料到瘟疫这么快就会降临到欧洲基督教地区。

由老鼠传播的疾病通过跳蚤传染给人类，鼠疫的传播不受天气以及季节变化的影响。其发病有两种表现形式：第一种就是感染血液循环系统，导致内出血；第二种就是侵害肺部，通过呼吸道接触传播。从症状出现后，诸如发热、肿胀、咳嗽和出血，病人很快就会在剧烈痛苦中死去。富人和穷人、城市人和农村人、牧师和普通人，所有人都是病魔的牺牲品。例如，据英格兰北部约克大主教管区的宗教档案显示，当地有 40% 的神职人员在第一波瘟疫中丧生。村庄整个消失，大学、修道院和女修道院都被人们遗弃了。在 14 世纪 50 年代初期，在瘟疫最猖獗的阶段平息之前，有大约三分之一的欧洲人口，或者说有大约 2400 万人都在此次瘟疫中丧生了，估计在拥挤的城市中心，死亡率甚至高达 50% 左右。

在欧洲，瘟疫的巨镰横扫四野，以至于幸存者都来不及掩埋逝者的尸体。在法国城市阿维尼翁，在大规模的墓坑挖好之前，尸体都被直接扔进罗纳河（Rhone river）中。在伦敦，这样的墓坑中都洒满了生石灰以加速尸体分解，好给后来者的尸体腾出地方。欧洲主要城市的街道上到处都是尸体。佛罗伦萨作家乔凡尼·薄伽丘（Giovanni Boccaccio，1313—1375 年）在其所著的《十日谈》（*Decameron*）中记录了第一波瘟疫的悲惨景象。濒死之人往往没有机会在牧师面前忏悔，也没有人为他们主持临终祈祷。邻里之间互相躲避，父母遗弃孩子，配偶劳燕分飞，谁也不去想祈祷的事情，更别说让濒死之人的身体更舒服一点这种小事了。为了擦亮其学术招牌，巴黎医学院提出，行星罕见组合所引起的气候变化是导致鼠疫的罪魁祸首。但大多数同时代人则认为，问题还是出在地球和天庭之间，这是上帝降罪于人类；虽然残酷，但确实是人类所犯下的无数罪恶所应受的惩罚。可剩下的问题是，为什么瘟疫又那么武断，只对一些地区的人们赶尽杀绝，而对其他地区的人宽大为怀呢？

其他评论者则持一个不太可信的观点，他们将其归咎于外国旅行者、巫婆和所谓犹太人往他们井里投毒的行为；整个犹太人群体受到了攻击，一些受到指控的人甚至被暴徒烧死。反犹太人的愤怒情绪是如此普遍，以至于教皇克莱门特六世（Pope Clement VI，1342—1352 年在位）在 1348 年 7 月被迫发表声明，宣称犹太人是无辜的，所谓井中投毒纯属捏造。教皇的宣言是否对民众态度产生了重大的影响不得而知，但由于教会无法干预愤怒和神秘的上帝力量，这让牧师乃至教皇的威信大打折扣。圣礼、弥撒、代祷、慈善行为、禁食和朝圣在降低令人恐怖的死亡率面前都无济于事。鼠疫对欧洲造成了无情的破坏，直到 16 世纪，欧洲人口才回到鼠疫爆发之前的水平。

无意中发动的细菌战

在公元 16 世纪之后，传染病成为美洲特别致命的人类杀手。在哥伦布大航海之前，美洲大陆的生物同欧洲的生物是分离的。但是除了将新的植物和动物引入美洲之外，16 世纪初期的欧洲探险家们，无意中也将病原体和寄生虫一并带了进来，而当地原住民对此没有任何自然免疫力。像天花、伤寒、斑疹伤寒、鼠疫、流行性感冒、麻疹、水痘、疟疾、百日咳和白喉等疾病，都对美洲当地土著人口造成了大规模的摧残。据历史学家阿尔弗雷德·克罗斯比（Alfred Crosby）估计，在哥伦布大航海之后，在美洲前所未有的人口灾难发生之前，也就是 1500 年左右，世界各地的人口密度都差不多，世界人口中有大约五分之一生活在美洲。在 16 世纪，仅仅是中美洲和秘鲁的高原人口就下降了 90%。在北美，据估计在 1492 年，当地土著人口是 500 万左右，而到了19世纪已经下降到了仅剩60万人。

在克罗斯看来，这种人口的急剧下降有助于解释16世纪跨大西洋的非洲奴隶贸易缘何会出现爆炸性增长。欧洲人争相通过进口非洲黑奴，来填补因对印第安人无意中发动细菌战所造成的劳动力短缺；而非洲黑人曾因在儿童时期接触过天花的弱病原体而获得了后天免疫。在那些没有免疫的地区，死亡就会紧随欧洲列强的挺进之路汹涌而来。19世纪初期，查尔斯·达尔文在结束了他的环球旅行之后这样写道："死亡似乎与土著居民如影随形。不论是在美洲、波利尼西亚、好望角还是澳大利亚，都是这样的结局。"

这种莫名其妙的灾难对幸存者的斗志和心智健康的消极影响之大可想而知。不论男女老幼、健康与否、财富几何，所有人在微生物引起的流行病面前一律只能任其宰割。很多统治阶层的精英们居住的家园往往成了瘟疫的重灾区，并且由于缺乏强有力的领导，抵抗欧洲入侵者的行动也宣告失败。尽管受害者求助于他们的宗教体系，但却无济于事；新来的基督徒却自鸣得意地认为，扩大停尸房就是来自唯一的真神的指示。16世纪80年代，弗朗西斯·德雷克爵士（Francis Drake）在抵达佛罗里达东北海岸之后，记述了疾病肆虐的景象，他的看法在其他类似情况下也适用。在德雷克看来，当地居民"死亡的速度很快，他们自己认为，这是神的旨意"。在17世纪30年代，天花使新英格兰的土著居民遭遇了灭绝之灾。普利茅斯殖民地总督威廉·布拉德福德（William Bradford）描述了那些被感染的人："通常都会倒在地上，最终谁也没有办法帮助谁。"另一个最初的移民定居者沉思着说道："上帝的善意之手为我们开启了一个良好的开端……用天花把当地的土著都一网收尽。"位于普利茅斯北部的马萨诸塞湾殖民地，其统治者是一个清教徒，也同意这个说法，他评论道："耶和华让我们名正言顺地拥有了我们所占有的东西。"上帝这令人费解的裁决就以这么一种泰山压顶的方式显露在这些土著人面前。

持续的攻击

直到18世纪初期，欧洲的瘟疫还是气势汹汹地反复爆发，一再夺走人命，让民众生活在恐惧之中。在1665年到1666年，伦敦遭受了一场致命的流行瘟疫的侵袭。仅一场大火就摧毁了城市中心的大部分建筑，将很多环境恶劣的贫民窟夷为平地，减弱了那些导致这场瘟疫成为强大杀手的环境因素。正如在以前的周期性灾难中一样，在伦敦瘟疫期间，包括许多神职人员在内的那些有足够财力的富人都逃离城市，躲到乡下去呼吸清新凉爽的空气，而穷人只能留下来在原地等死，无法享受舒适的田园生活。医院带来了些许安慰，尽管它们所能提供的康复治疗也很有限，但是却为病人，尤其是那些没有家庭支持的病人，提供了一个濒死之前的庇护之所。两个世纪以后，霍乱从南亚（是英国军事和殖民活动的副产品）抵达英国的工业区，在五次分散爆发中共夺去13万人的生命。但是与在英国统治下的印度发生的霍乱相比，这一数字显得微不足道。在19世纪下半叶，印度有2500多万人在霍乱中丧生。

直到20世纪，传染病这个瘟神还一直困扰着所有国家，无论是发达国家还是不发达国家。1918年到1919年爆发的可怕的流感瘟疫可能源自美国中部，并在第一次世界大战的最后几个月，由抵达欧洲的美国士兵传播开来，并迅速蔓延至全球。在区区两年时间内，这场瘟疫就夺走了全球至少5000万人的生命，轻松超过了第一次世界大战期间阵亡士兵的总人数。大部分受害者正值壮年，据一些统计数字估计，这是1920年之前世界各地夭折的年轻人总数量的8%~10%。

然而，应对这场大瘟疫的行动也是史无前例的。人类不再求助于内省的宗教来解释灾难的原因，相反，政府和公众转而寄希望于那些医学界的拓荒者们，希冀他们能找出瘟疫原因，并研究出有效的治疗方案。肇始于20世纪的医学科学，并没有非凡的故事，而是通过基础研究并开发出疫苗和抗毒素来对抗这股自然界的邪恶力量。他们在战胜疾病方面取得了很多胜利，其中最突出的就是在1980年，在一场历时20多年的抵抗战胜利之后，天花病毒被彻底消灭了。但在21世纪初，致病微生物由于基因突变而产生的抗药性，对研究人员的信心是个不大不小的挑战，再加上新出现的一些传染病，在一个日益互联互通的世界里，人类注定还要和这些传染病继续缠斗下去。

灾荒

在人类历史上的绝大部分时间里，粮食危机或饥荒对人口死亡的影响难以估量。在工业化之前，世界各国的民众通常都处于营养不良的状态中，但因饥荒而导致死亡的过程注定是漫长而痛苦的。与后来过上定居生活的农民相比，史前采猎者们不太容易遭遇食物危机，虽然他们所处的生态系统更具不确定性。在1500年以后，出现了所谓的“哥伦布大交换（Columbian exchange）”，从美洲传入的土豆和玉米等食物丰富了欧洲人的餐桌，似乎减少了饥荒的发生，并且导致了人口的缓慢增长。但直到19世纪后，我们才进入了能够获得关于世界上各个地区发生的情况的可靠信息的阶段。在1800年之后，欧洲在和平时期基本不会发生饥荒了，19世纪40年代发生在爱尔兰、19世纪60年代发生在芬兰以及19世纪90年代发生俄国的饥馑，只能算是很例外的情况。最近一名学者的研究表明，19世纪全世界因饥馑而死亡的人数大约在1亿人左右。

饥荒可以由连续的庄稼歉收、火山喷发、持续干旱或洪灾泛滥等环境因素而导致。例如，1315年波及全欧洲的饥荒就是由于之前的暴雨和当年夏天气温过低造成的。当然，粮食危机也可以由人为因素引发的，诸如治理不善、经济管理失当和战争影响等。

当然，事态并非总是如此。正如 18 世纪晚期的英国经济学家和圣公会牧师托马斯·马尔萨斯（Thomas Malthus）所言，无法控制家庭规模最后就会导致反复发生饥荒，这是大自然以一种严酷的方式在遏制人口过剩。马尔萨斯将这一铁律归为神的旨意，这是上帝以自己的方式来反对人类放荡的性生活。他坚称英格兰可怜的法律只是创建了一种虚假的经济安全感，让穷人生更多的孩子，而孩子反过来只能过上更加贫穷的生活，这只不过是让贫困问题雪上加霜罢了。其实，马尔萨斯的算法并不比《吉尔伽美什史诗》中所描述的恼怒的众神高明多少，众神为了降低尘世的喧嚣，会突然让人口减少。这种情况似乎又在爱尔兰饥荒期间重现，在 1845 年到 1849 年期间，神圣天意或自然控制力量对人口过剩的干预，终结了超过 100 万农民的悲惨命运。那些幸运地移民到国外的人，总是能记起朝廷当局对灾难明显表现出的漠然之态。

在 19 世纪中期，查尔斯·达尔文对马尔萨斯发表于 1798 年的《人口论》（*Essay on the Principle of Population*）做了反思，承认自己具有革命性的“自然选择”理论深受这本书的影响。无论其理论基础为何，饥荒历来都是伴随着食品价格急剧上涨、严重的传染病、民众骚乱、流离失所和财产犯罪增加等现象而叠加出现的。最悲惨的是，饥荒还会唤起人类自我保护这一基本本能，建立在美德性利他行为基础上的多年友谊宣告终结，家庭纽带分崩离析，野性的冲动会冲破人性的外壳。

补救措施的限制

医学艺术建立在现有的最佳知识基础之上，旨在对身体痛苦或病理进行研究和治疗。几个世纪以来，病理学已经发生了很多变化，但它一直处在科学的前沿，因为它是关于人体结构（解剖）和机能（生理学）的科学。医疗从业人员尝试诊断出人体疾病或机能异常（疾病理论），在理论推断和经验的基础上提供治疗方案，并预测可能会产生的治疗结果。在人类历史的大部分时间里，所谓精彩的诊断分析都聚焦在那些外部性的、异常的或者超自然的因素上。荷马在《伊利亚特》(*Iliad*) 的开篇提到，国王在绑架了太阳神阿波罗的祭司之女并勒索赎金之后，就发生了致命的瘟疫；在将其释放之后，瘟疫才得以解除。在《圣经·新约》中，我们发现有多处提到耶稣治愈病人，起死回生，而这种方式很明显与自然主义的解释相抵触。正如我们已经看到的，很多人把出现在 14 世纪的可怕瘟疫解读为对人类集体罪恶的惩罚。疾病被广泛认为要从道德或精神上找根源，它的缘起在身体的运行机制之外，并在某种程度上与更广阔的宇宙中的事件和变故密切相关。“伟大的存在之链”的每一环都有意义：即使是最微末的事件、最不起眼的变化，都与一个更广大、更神秘的目的相呼应。

不完美的干预措施

即便如此，号称存在于独立的人类有机体和一个更深层次的道德或身体秩序之间的关系，并没有阻止医生们进行尝试（有些甚至是英勇的），以缓解人类的病痛。对古老墓穴的考古发掘发现，死者遗体的断骨接受过正骨治疗，严重的伤口也接受过处理，或许这些技术已经口耳相传了好多代。相同的考古记录还表明存在环钻术，或者是钻过孔的骨头，但这样的程序是否有应对疼痛和疾病的目的仍不确定。从美索不达米亚和埃及的古代文献来看，人类已经意识到与疾病相关的症状，改善性药物的清单已经被复制和传播了数百年。不过，当这些文献在看待可能的治疗结果时，通常又会归因于超自然的干预，神祇、幽灵或恶魔动怒和息怒所起的作用又会被放大。治疗仪式和咒语同草药和药水，或者那些历史悠久的对身体采取的实际处置（physical intrusion）一样重要。

一个与之竞争的观点起源于受希腊和罗马影响的世界，它将注意力转到疾病的身体原因方面，在治疗中对神的命令这一变量不予考虑。这不是说希腊的医生们拒绝神的干预作用，只不过是采取了双轨制的诊断和治疗方法。不过在公元前 3 世纪之前，人们对人体及其内部器官还缺乏解剖学认识。当时，人们认为身体是由四种元素或体液（黑胆汁、黄胆汁、黏液和血液）组成的，而疾病通常与这四种体液的失衡有关。为了恢复适当的平衡，会采取包含沐浴、饮食和放血等在内的一系列治疗手段。公元前 5 世纪，希波克拉底（Hippocrates）创立了体液学说，但这一学派最具影响力的代表人物是罗马医生盖伦，他编写的著作成为欧洲之后几千年在医疗培训方面所使用的标准教科书。

尽管在此前漫长的时间里，医生和病人都觉得这一方法缺乏明显的疗效，但只是到了 16 和 17 世纪，随着解剖学和生理学知识的发展，体液学说才开始式微。从此以后，医学就开始转向对身体本身的研究，转而研究人体器官和系统。尸体解剖一直为中世纪的教会所禁止，只有到了文艺复兴时期，才成为医疗培训中一个至关重要的正式部分。伟大的建筑师、画家、工程师和科学家列奥纳多·达·芬奇（Leonardo da Vinci，1452—1519 年）宣称解剖过人类尸体。他所做的数百幅解剖素描图，代表了文艺复兴时期的艺术和中世纪新兴的解剖学之间的强力融合，这是医学科学中的一个关键因素。在过去的四个世纪中，医学向经验科学的这种转向被证明是非常有效的，特别是自 19 世纪以来，这给研究人员和医生了解（有时也可以）征服疾病创造了条件。直到 20 世纪，医学技术才开始在降低死亡率方面发挥出巨大作用，例如外科手术就足以说明这一点。

尽管在古代已经出现了侵入性的外科手术，但这往往被用作最后手段，是不计成本的最后一搏。一般来说，那些成功的手术都是在体外实施的。伤口、骨折、拔牙、疔疮和脓肿都可以通过夹钳固定和缝合进行成功治疗。但涉及腹腔或大脑的内部手术却非常少见。在古代和中世纪时期，最训练有素的医生往往不屑此道，而是将手术这种粗笨的治疗方法留给那些比他们社会地位低的人去做，那是一些从事体力劳动的人，而不是咬文嚼字的人文学者。这些人以理发和刮脸为生，而为这些“业余”医生做背书的就只是那些在他们的“治疗”之下碰巧活过来的人。引入麻醉还是最近的事（19 世纪 40 年代），在此之前，每个侵入性手术都是一个刮骨疗毒式的极其痛苦的经历。在此过程中，外科医生和病人都需要有钢铁般的意志，而前者的职业声誉主要建立在速度和准确性之上。例如，剖宫产常常被证明对母亲来说是致命的。19 世纪中叶，在消毒剂和麻醉药被引入之前，接受这样的紧急手术就意味着与死神只隔一线——不是死在手术过程中，就是死于术后败血症（感染）。

分娩和婴儿死亡率

在工业时代之前，那时死亡常和小孩发生关联；不像今天，死亡常与老人联系在一起。婴儿和儿童的死亡率在农业社会中特别高。据估计，在前现代社会中，其实有三分之一到一半的孩子会在两岁前夭折。营养不良、严重腹泻和各种各样的传染病，而且最终还有诸如麻疹和天花之类的神秘疾病，年复一年地残忍夺走了孩子们的生命。婴儿死亡是如此普遍，即便不能说是漠不关心，那至少也可以说成人文化对此的态度是多么无可奈何。罗马作家埃皮克提图（Epictetus，公元 55—135 年）建议，父母在晚上亲吻孩子的时候，要对自己说:“也许明天早上这个孩子就不在了。”普鲁塔克（Plutarch，公元 46—120 年）发现“一个婴儿死去以后，人们不会在他的葬礼上待很长时间,也不会照料其坟墓”。在某些社会中,父母一直不会给婴儿起名字，直到认为这个孩子可以活过婴儿期为止。毕竟，父母有何必要在一种明知存活概率非常小的生物身上倾注过多的感情呢?

婴儿死亡率居高不下对基督教神学家的认知构成了重大挑战，因为后者认为这个世界上发生的一切都是为了呼应神的旨意。尼撒的格列高利主教（Bishop Gregory of Nyssa，公元 335—395 年）是最早在我们这个天佑世界中，从婴儿死亡的视角来研究更大的邪恶问题的人之一。根据基督教教义，出生后不久即死亡的孩子想必前世并没有做出任何可以决定永恒的奖赏或处罚的想法和行动。而且如果没有任何机会可以按照福音原则生活的话，上帝就没有对其加以评判的依据。格里高利提出的解决这一困境的方案是，设立一个死后的中转站，在这里，逝者可以培养对神的认识，以期待在上帝对人类做出最终审判的那天，可以得到上帝的赏赐。话说得更清楚一点就是，神之所以把某些婴儿从这个世界上召回，就是因为他们天性邪恶，恐怕最终将远离正途。把他们从这世间带走，将其灵魂安置在中转站，正是神圣之爱的表达。婴儿的灵魂现在得到了更好的安置，经过在中转站的生活之后，会得到永生。作为父母而言，必须将孩子的死亡看作神的仁慈之举，接受这一安慰和赐福。

同样，圣奥古斯丁也从《圣经》中人类堕落的故事这一角度，阐述了婴儿死亡问题。在他的前两本精神自传《忏悔录》（*The Confessions*）中，奥古斯丁认为人类，哪怕是婴儿，都有与生俱来的原罪。一个仁慈的上帝无端夺走一个无辜孩子的生命是不公平的，但是没有人（无论其年龄几何）能摆脱亚当在伊甸园里的罪孽所产生的影响。圣奥古斯丁引用了对赞美诗的字面解释，声称他是在罪孽中孕育的，“在我母亲怀胎的时候就有了罪”。尽管新生儿缺乏理解能力，也无力犯下恶行，但他们与生俱来的自私预示着，他们一旦成年，就有可能会犯下更大的罪恶。婴儿的死亡肯定了上帝永恒的正义，因为所有人都冒犯过他们的造物主，需要基督的救赎：“为着他们的缘故，他们的主也成了一个婴儿。”

这样的观点很难与另一种绝对叙事达成一致，后者认为一位仁慈的神会特别眷顾一切众生，尤其是人类的福祉。但是在医学科学发展起来之前，很少有其他观点能取代圣奥古斯丁的看法。先天性畸形、早产和分娩并发症等内生性原因，特别是再加上那些生产过程中的损伤、营养不良和疾病等外生因素，以前从来没有认识清楚，因此也根本没有相关的描述性文字记录。虽然对我们来说似乎是无法想象的，但是婴幼儿的高死亡率却是常态；尽管这是一个痛苦的事实，但是在很长一段时间，人类所能做的也只有忍受。

来自自然界之外的危险

大自然对人类生命的威胁无处不在，只是随着 18 世纪农业科学的发展、19 世纪公共卫生手段的出现以及 20 世纪理疗和康复治疗实践的形成，这种威胁的范围才开始缩小。但是，这在很大程度上为西方发达国家所独享；人类出于自身目的对自然进行的操纵，还有以证据为基础的治疗方法，已经把大部分自然性的生命危险缩小到一个单一的人群（尽管人数在增长），即老年人身上。另一方面，数百年来直到当代，一些人为精心策划的、本可避免的死亡却依然挥之不去，周期性地给人类带来痛苦。目标人群略有改变，大多数新生儿被给予了生命权，这在过去的 2000 年里是没有过的；但总的来说，绝大多数受害者都是属于无辜的、贫穷的和没有获得显著的教育或政治权利的人群。

杀婴

尽管现代人对此深恶痛绝，但是故意杀害婴儿在人类文化历史上确实普遍存在过，不管是旧石器时代的采集狩猎者、农耕者，还是现代工业城市中受过教育的居民，都曾做过这种事。今天杀婴通常会被报道为反常事件，婴儿父母中的某一方通常患有严重的精神疾病或抑郁症。在西方，现代避孕技术的发展和堕胎合法化大幅降低了杀婴率；严厉的刑事制裁，再加上公众舆论谴责，也有助于进一步控制事态的发展。虽然几个世纪以来，杀婴的习俗在各主要文明中都备受谴责，但它在历史上却服务于重要的家庭、经济、宗教和文化需求。总之，新生儿的生命权是最近才在全球文化中出现的，是在过去几个世纪中，随着经济状况的改善和对人权更广泛的理解而产生的。

蓄意杀死一名新生儿，通常与个人、直系亲属和更广泛的社会环境所面临的贫瘠的物质条件有关。在早期社会，堕胎过程总会危及母亲的生命，杀婴是在不必节欲的情况下控制家庭规模所能做的唯一选择。杀婴的对象通常是女婴，因为她们被认为对家庭经济价值不大，并且在一个看重嫁妆的社会中，有性别选择的杀婴行为免除了父母未来的经济负担。

在古希腊和古罗马，社会精英对杀婴习俗漠然置之，并且有人认为这是当时的人之常情。孩子被看作一种投资，他们一长到足够的年纪就要去工作，在父母年老时负责赡养。古希腊有关“逻各斯”（词语、演讲、理性）的概念就是同成年男性有关。女性被认为具有“逻各斯”的潜力，但孩子们不具备任何这种能力。除了控制人口，如果婴儿畸形或者被认定为不健康时，希腊人也会放弃婴儿。据估计，在雅典有多达 20% 的女婴被抛弃，这种做法基本上等同于判处死刑。这个无助的受害者也可能是妻子通奸所生，或者生下来后被在场的助产士或女性亲属判定为有生理缺陷。在一个因自然原因而引起的婴儿自然死亡率高达 30%~40% 的世界中，丢弃一个不想要的后代很少会引起社会关注。

已婚夫妇牵涉此事时，做出杀死新生儿决定的几乎总是父亲，因为要由他来决定婴儿是否可以成为他家庭中的一员。从严格的法律意义上来说，孩子属于他们的父亲，而不是母亲，但实施这一暴行的却是后者。在罗马的家庭中，婴儿出生后的第八天到第九天是至关重要的。如果孩子被接受，就会举行一个仪式，为其起名字，并且通知户籍登记处。这是社会诞生和司法人格形成的时刻，其意义大于生物性出生。根据公元 1 世纪斯多葛派哲学家塞涅卡的观点，那些被抛弃的婴儿一般都是被溺亡了。在公元 2 世纪初期，由于人口下降，罗马当局在意大利部分地区开始鼓励家庭生育，以促进人口增长。因此，丢弃婴儿的做法开始受到抑制，但是直到公元 384 年瓦伦丁安皇帝（Emperor Valentinian）统治时期，才开始对这种做法实行法律制裁。

在中国，杀婴习俗广泛存在的证据可以追溯到公元前 1000 年左右的文字记载。周朝（公元前 1050 年—前 256 年）的文献中记载了对大规模弃婴行为的担忧，秦朝（公元前 255—前 206 年）和汉朝（公元前 206—前 220 年）则颁布法令禁止弃婴。出于对更广大的宇宙秩序的关注，法家思想主张订立严刑酷法来禁止杀婴和弃婴行为，而儒家思想则更强调群体的福祉，并将杀婴行为的泛滥归结为统治者的无能，因其无法让整体民众过上丰裕的生活。几百年以后，在 1080 年，宋代的诗人学者苏轼在书信中向当地行政长官抱怨，在长江沿岸湖北的一些地方存在“初生，辄以冷水浸杀”的现象。但是同时孩子的父母又于心不忍，“其父母亦不忍，率常闭目背面，以手按之水盆中，咿嘤良久乃死”。

但是古代埃及人却强烈反对杀婴，他们似乎已经认识到新生儿也有其独立人格。事实上在埃及，孩子通常被认为是无辜的，而早期的罪过都可以归咎于懵懂无知。在这个经济自给自足的社会中，甚至孤儿都会得到人道的待遇，对来世持有乐观的观点也塑造和影响了他们的宗教习俗。被遗弃的婴儿经常被作为弃儿收养，或者当成家庭的奴隶蓄养。公元前 20 年左右，希腊历史学家狄奥多罗斯·西库路斯（Diodorus Siculus）在其作品中表明，埃及的法律总是保护未出生的胎儿。他写道，一个被判死刑的孕妇在生产前是不会被执行死刑的。

因此，犹太圣经哲学家亚历山大的斐洛（Philo of Alexandria，公元前 20—公元 50 年）反对堕胎和杀婴或许也就不足为奇了。他的观点在古老的犹太文化中得到了广泛的支持。虽然在犹太社会中弃婴也并非从未发生过，希伯来传统认为，尽管对父母保护他们所有的后代没有具体的法律规定，他们却在道义上负有责任：这也是早期基督教社群采取的立场。尽管在《圣经·新约》中没有直接提到杀婴，但是公元 2 世纪以后的文献中开始出现强烈反对这种做法的相关记录。在亚历山大的克莱门（Clement of Alexandria）写于 2 世纪末期的作品中，他强调了孩子的自然纯真、简单、顺从，以及他们不谙世事的纯净。奥利金、依勒内（Irenaeus）和德尔图良同样强调了孩子这种淡泊名利的品质，而这种有益的品德是所有年龄段的基督徒都应该具备的。到了公元 4 世纪初期，皇帝康斯坦丁（Constantine）的顾问、基督教作家拉克坦修斯（Lactantius，公元 240—320 年）认为，杀婴“特别大不敬”，公然违背了上帝不要杀人的诫命。拉克坦修斯是第一位承认弃婴行为是迫于极端穷困而实施的无奈之举的基督教作家，但他拒绝承认以这个或其他原因为借口的合法性。

在欧洲，从中世纪直到现代早些时候，对杀婴行为的常见惩罚是处死。比如说在 14 世纪末，在比利时城市那慕尔，犯罪者在被火烧死之前要受尽折磨。在卢森堡公国，罪犯会被活埋在绞架附近，或者被勒死或用剑刺死。但即使有强大的民事禁令，罗马教会的影响力也在日益增长，法律对杀害（通常是放弃）新生儿的严惩还是会遭遇藐视。虽然很难估计欧洲早期的杀婴规模，但我们还是可以肯定地认为，现存的司法档案只不过记录了这些屠杀行为的一小部分而已。一位学者甚至声称，弃婴行为“规模很大，但是绝对不会受到惩罚”，但是找不到可用的数据证明这一点。物质极度匮乏、同伴的责难和生出私生子的耻辱似乎是促使人们故意逆天悖理而行的最大刺激因素。

在中世纪后期，随着修道院、女修道院和大修道院的日益增多，越来越多的婴儿被遗弃在这些教会机构门前。教会接管了被遗弃的婴儿，标志着最初的孤儿院开始形成。但是直到 19 世纪，制止杀婴习俗的努力才开始真正发力。在 1810 年订立的《拿破仑刑法典》(*Napoleonic Penal Code*) 中，杀婴被定义为故意杀死刚出生或出生不久的婴儿。法律条文要求犯罪者被判处死刑，但随着时间的推移，法庭开始认识到存在各种各样情有可原的特殊情况。父亲从来不会被起诉，而已婚母亲也很少充当被告。未婚妈妈、穷人和下层人民通常沦为选择性执法的对象。例如在比利时，直到 19 世纪上半叶，所有谋杀案中的 15%~18% 都是有关杀害新生儿的。但在 1867 年之后，犯杀婴罪者就不再被自动判处死刑了。

公立的弃儿医院和私人慈善机构的兴起，使弃婴的死亡数量有所下降，尽管如此，婴儿死亡率在这些机构中依旧很高。法律学者和司法实践开始承认，在这类犯罪中存在精神疾病和行为能力下降的因素，尤其是当肇事者是一个刚刚生产、身处极端贫困之中的母亲，而她本人又缺少来自家庭和社区的支持的时候。在我们这个时代，诸如杀婴预防学会等机构认为，有关杀婴行为的报道在西方之所以减少（每 3000 ~ 5000 例中有 1 例），是与可用的堕胎手段不断增多有直接关系的。假使没有这个公认的存在争议的选择，人类杀死自己婴儿的历史倾向，特别是在个人生活或经济状况处于困境中时，还将继续成为我们的法律体系和道德意识关注的焦点。直至今日，法律和道德还在承诺关注堕胎行为，在美国更是如此。

战争

简单地说，战争就是为了追求一个特定的经济或政治目标，由某种形式的政府机构发起的有组织、有预谋的暴力行动。在过去的3000年间，致命武力的大规模应用是出于主权国家的意志或是通过符合宪法的手段煽动起来的。在史前时期，以及进入历史时代以后，战争的受害者几乎都总是活跃的战士，但到了20世纪以后，战士和平民以及非战斗人员之间的界限已经模糊了，这一状况令人担忧。因此，刚刚结束的20世纪异常血腥，由国家发起的暴力达到了创纪录的程度。有数以百万计的无辜民众在或大或小、或局部或世界性的战争中丧生。

导致人类死亡数量如此庞大的现代战争，在某种程度上是技术进步、民族主义情绪增长和普救主义意识形态的共同产物，因此，人类最终应该理性判断究竟应该如何运用技术。在过去的100年间，正是靠着自身的聪明才智和超凡技术，人类提高了生活质量，但这也让我们能以更大的规模、在更远距离之外，更有效地互相残杀。美国政府仅仅用了三年时间，就将科研人员召集起来，开发出了原子武器技术，并建成、测试和部署了原子弹。今天，无人驾驶飞行器的部署（无人机或机器人飞机）能非常安逸地实现远距离的匿名杀戮，一个国家可以安然地从位于自己国家领土上的虚拟“驾驶舱”内，绕过大半个地球去杀死敌人。

19世纪德国的军事理论家卡尔·冯·克劳塞维茨（Carl von Clausewitz，1780—1831年）曾尖锐地指出，除了包含技术和决策因素之外，国家之间用战争来解决争端的冲动还是一种政治手段；自从最早的国家在古代中东地区出现直到现在，这种情形似乎依然没有改变。人们普遍认为，希腊是西方文明的“发源地”，即使在其黄金年代，也是一个长期充满军事冲突的血腥之地。城邦之间的竞争常常沦为战争，最终理想化的城邦被统一的帝国所取代。罗马也是如此。尽管罗马帝国带来了军事安全，促进了城市和商业生活的发展，将复杂精密的法律制度引入西欧，但是对于那些抵抗“文明”进程的平民，帝国的领导者也会以一种前所未有的有组织的暴力形式进行弹压。随着基督教在罗马的支持下得到传播，进入中世纪以后，那些按照国家威权的要求，被训练使用致命武力的人，必须要克服禁止杀人这一新的道德和伦理禁忌。这导致了“正义的战争”这一理论的发展，在特定的情况下支持使用致命武器的提议得到了宗教当局的认可。

尽管战争已成为人类生活中一个骇人听闻的常态，但就总量来看，直到19世纪中期机械化作战出现之前，有组织的战争并非人口死亡的主要原因。当然也有例外，在三十年战争期间（1618—1648年），战士和平民的死亡人数可能高达700万。致命的工业技术发展催生了机械化战争：这包括1861—1865年的美国内战，在这场内战中有60多万人丧生；还包括1914—1918年的第一次世界大战，这场战争中的幸存者经常讽刺地将其称为“伟大的战争（Great War）”。这场战争的规模无疑是巨大的，在战争中使用了机枪、毒气和火炮炮击——这是远距离杀伤的早期实例，大约夺去了1600多万人的生命，其中有1000万人是军事人员，还有600万名平民和非战斗人员。

在1914年8月战争开始之前，没有人预料到如此大规模的灾难就这样开始了。事实上，大多数人在涌向新兵招募站时（这是为期两年的义务兵役）心中的理想是，在穿着整齐的制服，愉快地游行几圈后，就能回家过圣诞节了，虽然可能在短暂的冲突中会有极少的伤亡。毕竟他们认为自己处于一个进步的文明进程中，是全球帝国的主人。人多数人在西线战斗中死去，在长达四年的时间中，他们成了傲慢而不知变通的指挥官瞎指挥的牺牲品，士兵们奉命朝着敌方的毁灭性炮火埋头冲锋。仅在战斗开始后的四个月内，就有70万名德国士兵、85万名法国士兵和9万名英国士兵丧生或受伤。索姆河战役（The Battle of the Somme）就是其中的典型例子。1916年7月1日，英国11个师的11万名士兵爬出战壕，在穿过13英里长的前线时，立即遭到了敌人机关枪的扫射。在第一天的战斗中，就有超过 6 万人死亡或受伤。在接下来的 24 小时内，待在双方的战壕里一直都能听到受了致命重伤的士兵们在无人区里大声号哭。

在停战以后很长一段时间，就在第二次世界大战爆发前的几年，索姆河战役的幸存者、诗人和散文家艾德蒙·布伦登（Edmund Blunden，1896—1974 年）回忆了这场战役最初带来的恐惧："在一天结束的时候，双方都看到，在被炸得满目狼藉的土地上，死去的人横七竖八地躺着。没有道路。不准通行。没有哪一方打赢了战争，也不可能打赢。只有战争本身是赢家，并且还将继续胜利。"士兵也是作家的齐格弗里德·沙逊（Siegfried Sassoon，1886—1967 年）则写得更直率。"战争就是地狱，"他写道，"发起战争的人就是罪犯。"政治和军事领导者们却不以为然：索姆河战役杀气腾腾但以彻底失败而告终的策动者——英国指挥官道格拉斯·海格爵士（Sir Douglas Haig）在 1917 年被擢升为陆军元帅。

在中世纪，天主教的"正义的战争"理论试图确认一套准则，即有组织的杀戮在何种条件下在道德上是被允许的。这个理论强调保护无辜平民和限制正式军事人员行动的重要性，这一点并不让人意外。但是，当战争进入白热化，敌我双方都在竭力寻求取得各种优势之时，这项禁令往往会遭到践踏。今天，在战争时期杀害平民是正当的——这被无情地委婉地归结为"附带损害（collateral damage）"，一位学者称之为结果主义的道德理论，意为必须优先考虑环境、代价和收益。第二次世界大战期间，对德国主要城市进行的轰炸以及用原子弹攻击日本，正是这一原则最可怕的两个例证；而在前一例轰炸中，平民的死亡人数无疑超过了后者，而后者则更广为人知，并且开了核武器攻击的先河。

据估计，在第二次世界大战期间，死亡人数中几乎一半都是平民，而在20世纪后期，平民的死亡比例在局部战争中仍继续增加。国家，或者在我们这个非国家恐怖主义的新时代，还可以借由更崇高的理由来赦免那些杀戮了无辜平民的人。具有讽刺意味的是，由于战争而导致的暴力死亡已经成为非战斗人员很有可能遭遇的后果，而对那些训练有素的武装人员来说，反而成了明显不大可能遭遇的结局。毫无疑问，自从第二次世界大战结束以来，平民死亡大多都发生在贫穷国家中，大多数受害者都处于社会最底层，他们连最起码的衣食都得不到保障。

谋杀

除了国家及其法律的制裁之外，杀害家庭成员、配偶、邻居、朋友和陌生人的个人犯罪现象，已经持续了几千年。虽然在统计学意义上来说，谋杀是一种少见的犯罪形式，但它却广泛存在于我们的文化想象中，常常成为生动的小说、电视节目、电影故事片，以及纸质媒介和电子媒体的主题。在某个特定的年份，谋杀率通常是以每十万人口中的受害者人数来计算。据一些人类学家估计，在史前无政府状态的社会中，有超过40%的成年男性死于暴力。当致命性暴力的合法使用权没有被国家垄断，也无法建立起一套法律体系来对特定行为定罪时，只能将其称为杀戮而不能把它看成社会建构的谋杀行为。在中世纪的欧洲，国家权利对内部暴力的控制是有限的，谋杀率估计在35‰左右。到16世纪，这一比率下降到20‰，并在18世纪结束时下降到5‰，并且一直保持到现在。然而，更低的比例可能会让人产生误解，因为在有效的医疗出现之前，很多伤害是致命的，然而现在却只算严重的伤情以及需要长期住院治疗。

为什么一个多世纪以来，犯了谋杀罪的人会引起犯罪学家、心理学家、神学家和哲学家强烈的学术兴趣呢？一个人蓄意谋杀另一个无辜的人（以及国家对于这种行为的刑事定罪）的原因，被归结为人类天性中的恶、恶毒的性情、病态的思想和不堪重负的环境等因素，但没有一个理论是毫无争议的。当然，所有这些假设都无法解释圣经故事中神对脆弱的人类所抱有的敌意。用心理学家史蒂芬·平克（Steven Pinker）的话说，《旧约》就是“一部漫长的庆祝暴力的历史”：亚当和夏娃的一个儿子杀害了另一个儿子；在诺亚和方舟的故事中，上帝淹没了整个人类；后来，还是这位上帝，命令亚伯拉罕杀死他唯一的儿子。亚伯拉罕的侄子罗得还住在索多玛城，上帝却下令要把整个城市都付之一炬，不管男人、女人还是儿童统统都要殒命。万王之王发号施令要毁灭所有已知的罪行。正如平克所说，服从绝对规则，而不是尊重人的生命，是《圣经》世界中最大的美德。

在罗马共和国，杀害另一个人被认为是一种私人行为，不属于国家管辖范围中的公共犯罪。最近的一项研究显示，罗马共和国既没有能力也没有意愿，让这种本质上出于私人恶意的故意杀人行为变成由政府提起公诉的罪行。在中世纪的社会名流之间，这种致命的人际暴力最为普遍，男性执着于荣誉观念，这样的事情一旦发生也只能引起小范围的关注。事实上，几个世纪以来，通过个人之间的搏斗和决斗展示个人在暴力方面的优势，被视为提升个人社会地位的手段。就在最近的 19 世纪中期，决斗在美国许多州还是合法的，甚至是合乎规范的。早在安德鲁·杰克逊（Andrew Jackson）入主白宫，成为美国第七任总统之前，就在决斗中杀死过好几个人。1859 年，美国南部各州的社评撰稿人庆祝纽约州议员丹尼尔·希克尔斯（Daniel Sickles）被无罪释放，而后者在光天化日之下，在华盛顿的街道上射杀了自己妻子的情人。支持者称枪击是为了正义所做的荣誉谋杀，因为这种淫乱的事情侵犯了希克尔斯的财产权。

工业革命开始后，谋杀开始从专属于精英阶层的行为传入下层民众中间，尤其是那些在经济上被边缘化的男性。今天，以暴力死亡为结局的人际冲突的新叙事，一般会按照这样一个令人不安的套路发展：年轻的男性家庭成员、朋友或熟人之间发生的无聊争论不断升级，最终导致以命相搏，通常发生在酒后，而枪支正好就在手边。

21 世纪初，美国国家健康统计中心认为，在 15 岁至 24 岁的年轻人中，谋杀是高居第二位的死亡原因（第一是道路交通事故）。在现代民主国家，政府官员和身处各个社会经济阶层的公民，仍然对谋杀存在着一个根深蒂固的担忧，让人联想到社会分裂和异化、法律和秩序的崩溃以及对人类神圣生命的漠视。公众对凶杀的认识，在很大程度上受到媒体日趋高调地披露暴力犯罪的影响，让我们持续关注死于暴力犯罪的可能性，这也解释了为什么会有大量的财力和人力投入到侦查、起诉和惩罚那些不可原谅的行为之中。

死刑

各国一直都将死刑作为对违法者进行惩罚的手段之一，进入现代社会以来，这种情形愈演愈烈。尽管在国际上，对人权的呼吁也日益高涨。古巴比伦国王汉谟拉比（King Hammurabi in Babylon）制定的法典，要求把犯下所罗列的 25 种不同情形的罪行的人都判处死刑，但谋杀罪并不在其中。雅典和罗马针对死刑订立了许多条款，并且由国家机构以一种很可怕的方式执行：钉死在十字架上、刺刑、淹死和活埋等。摩西律法（Mosaic law）允许石刑、斩首、绞刑和钉死在十字架上等，而其中最后一项刑罚直到公元 4 世纪康斯坦丁皇帝执政时才被废除。

然而，还有新的痛苦在等待着已被定罪的人们。在中世纪，西欧的新兴国家允许在最后执行死刑之前可以折磨罪犯。这通常会是一种漫长而充满恶意的过程，在犯人最后摆脱痛苦之前，会多次被折磨得奄奄一息、几近昏迷。在亨利八世统治时期（1509—1547 年），据估计都铎王朝对 72 000 名罪犯执行了死刑；18 世纪早期的英国有超过 200 人被处以死刑。用一个历史学家的话说就是，死刑“是一个令人恐怖的工具。从理论上讲，那种恐怖是由法律激发出来用于维护秩序的”。公开处决违法者往往是一种准宗教活动，人们期望已定罪的犯人能表达悔恨之意，并以儆效尤。例如，1773 年在波士顿殖民地对窃贼公开执行了绞刑，大约有 7000 多名观众购买了登载着此人最后忏悔之词的传单。到了 19 世纪早期，执行死刑变成了一种喧闹的公共景象，现场还会有纪念品和酒精出售。

直到 19 世纪中期，公众才开始反对公开进行处决；到了 19 世纪末，惩罚才专门在监狱里面执行，只允许直系亲属和政府官员旁观。20 世纪下半叶，西欧废除了死刑，如想加入欧盟的话，废除死刑是种种严苛条件之一。但是美国很多州还在继续强烈支持死刑，强调其具有震慑作用（虽然是否有效还待商榷），社会有义务对残害无辜以及触犯更广泛的文化规范的罪犯以牙还牙。根据盖洛普民意测验调查显示，超过一半的美国人支持死刑，尽管实际执行的数量很少——在 2009 年一共有 52 人被执行了死刑。

危险行为

几千年来情况总是如此，在 1900 年，仍有大部分人是死于传染病。在整个 20 世纪，西方发达国家确实有望在公共卫生领域将这一历史悠久的敌人彻底消灭，它们在诊断、治疗和预防方面取得了巨大的进展，即使那些危险的微生物对新药产生了一些适应性和抗药性。但到了 20 世纪下半叶，早期的乐观主义已经明显不合时宜。

在20世纪60年代，流感病毒的新菌株在全球传播开来，而在20世纪70年代，性传播疾病使得医学研究人员和公众同样感到震惊。举例来说，在20世纪70年代和80年代发现了30例新型传染病，而对疫苗和药物治疗日益增长的抗药性，使得许多顽固的宿敌如疟疾和狂犬病等卷土重来。新世纪初期源自香港的禽流感病毒在全球引起了恐慌，受波及的人口数量同1918—1919年的大流感类似。在后“9·11”时代，非国家行动者也能对庞大的人群形成极大的恐吓，危及许多人的性命，公众越来越担心（并且做了种种准备）把疾病威胁因素武器化的生物恐怖主义。

在20世纪，意外死亡率也相当稳定。在西方工业化时代的巅峰时期，城市中因工作导致的事故占了很大一部分比例。19世纪和20世纪初，工作场所缺少安全法规，成为导致问题出现的一个主要原因。随着安全意识的兴起，以及第二次世界大战之后国家的严格管控，意外死亡在总体死亡率中所占比例有所下降。然而最近几十年，那些在很大程度上与工作无关的新的风险因素开始出现，受此影响，西方文化环境尽管具备一定的安全意识，但意外事故数量的上升还是令人不安。

例如，在2009年，在美国所有年龄组的死亡原因中，意外事故排名第五；而在19岁以下组别的死亡原因中则位列第一：意外溺水、中毒、窒息、房屋火灾、武器误操作，当然还有交通事故所有这些都造成了很多儿童和青少年的意外伤亡，而跌倒和滥用处方药则是老年人意外死亡的主要罪魁祸首。

生活方式疾病

尽管有这些老问题继续烦扰着人类，但20世纪晚期的死亡率数据还是反映出人类的主要死亡原因发生了根本性转变。研究人员和健康专家所称的生活方式或慢性非传染性疾病（NCDS）现在已成为令人讨厌的主要杀手。2010年，美国疾病控制中心（American Centers for Disease Control）调查了 20 世纪初美国排名前十的死亡原因，并将它们与今天位列前十的原因进行了比较。早期流感、肺结核和胃肠道感染（以及工作事故）是最大的杀手；到了 21 世纪初，血管疾病、癌症和糖尿病则高居榜首——确实，每年全世界大约有 3500 万人死亡，其中有超过 60% 的人是死于上述三大疾病。当然，每个人都会因为某种原因而离开人世，但是有一个明显的观点是，心脏病和癌症通常与高龄有关。

数据表明，生活方式造成的疾病通常会在中年显现出来，摄入富含糖分和饱和脂肪酸的饮食、缺乏体育锻炼、长期抽烟和酗酒共同构成了一个潜在的致命威胁组合。有时，这四项也被称为“健康四害（四骑士）”——这是根据《圣经》中的天启四骑士得来的——威胁健康的行为成为现代国家一个巨大的财政负担。据《纽约时报》报道，2010 年管理和治疗生活方式疾病的费用支出，就占了美国国内生产总值（GDP）的七分之一。更不妙的是，美国心脏协会（American Heart Association）指出，到 2030 年，光是心血管疾病方面的医疗保健成本就将增加两倍，达到 8000 亿美元。

由生活方式造成的疾病有个独特之处，就是至少在青春发育阶段、成年初期和中年时期，它们是可以预防的。从 19 世纪以来，人类社会从以农业为主的社会向工业经济社会转变，而最近有些国家已进一步从工业社会过渡到以信息、服务和技术为基础的社会经济形态，这给人类健康带来了许多意想不到的后果。曾经大部分劳动都需要很多身体劳作，付出大量体力，而现在越来越多的工作都无须身体活动，人们在电脑显示器前面、零售服务台后面和车里一坐通常就是几个小时。工作中缺乏运动，家庭生活以静为主，还有一些家庭成员，尤其是年轻人，坐在大屏幕电视机、游戏机和电脑屏幕前一动不动，甚至连简单的锻炼（如果有的话）也已经变得商品化和商业化，去健康俱乐部锻炼要缴纳会费（当然也只会开车去），为这些不能或不愿建立和坚持日常运动习惯的人服务的“私人教练”是收费的，这也已经成为一种新的产业。在一个强大而复杂的市场营销产业推动之下，西方文化乐见我们对娱乐科技的迷恋，尤其是那些装扮成必不可少的通信工具的品类，更让我们沉迷其中。我们头脑活跃而身体迟缓，忙忙碌碌却在被动应付，诸事缠身却又心思呆滞。我们习惯的种种行为都已经被证明会缩短我们的寿命，但是这些不良生活习惯很难被打破。简而言之，我们自己选择了加速灭亡的生活方式。

环境因素

人类出于自身目的而对大自然进行刻意的、有计划的操纵，或者说进行快速的工业化过程，这是过去三个世纪以来西方历史的主要特点，也对人类健康造成了各种意想不到的后果。最近一次研究结果估计，在 21 世纪初，世界上大约有 40% 的人都间接死于在多个方面发生退化的环境。水、土壤和空气污染，更不用说在工作场所接触到危险化学品和材料，它们的毒性以渐进的方式影响着人类的生命，而大多数受害者并没有意识到其中的危险，在发生最初接触几年之后，才会尝到苦头。

在 150 年间，廉价能源、廉价水资源和人口快速增长，都加速推动了历史学家 J.R. 麦克尼尔（J. R. McNeill）所称的“持续的生态干扰”，这是“数十亿人的野心、努力和无意识的社会进化”的副产品。工业化国家前所未有的经济增长，以及通过使用化学肥料和运用农作物基因工程，实现了农业生产力的大幅提升，推动了人口的急剧增长，不仅在欧洲，世界其他地方同样如此。1820 年在工业革命的初始阶段，全球人口大约有 10 亿，到了 20 世纪，人口迅速飙升至 65 亿。

但是，全球有超过一半的人口正遭受着长期营养不良之苦，这使他们更容易感染呼吸道以及疟疾之类的疾病。在2000年，有12亿人无法喝到清洁饮用水，大部分传染病都是经由污染的水源传播的，不解决这个基本问题，将会导致更多的人死亡。例如，每年仍有200多万婴儿和儿童死于腹泻，这是一种由来已久的、与水污染密切相关的灾难——如果能整合全球资源，这完全可以预防的。把资源提供给那些最需要的人，这似乎与世界上最富裕国家的资源消费原则格格不入。民族国家之间的竞争和冲突，更不用说内部冲突和政治管理的失误，也使得富国和穷国之间的鸿沟越来越大。

反映环境退化、疾病和人类早逝之间密切关系的案例，可能会成倍增加。对此，我们最司空见惯的例子就是，出于自由市场本质上对增长的无限渴求，为了实现经济增长，这个世界对污染严重、不可再生的化石燃料的依赖不断加深。呼吸系统疾病和肺癌与19世纪末和20世纪初人类大量使用煤炭，以及近晚期大量使用石油产品和由此带来的排放物有关。美国有20%的肺癌病人死于汽车尾气中的颗粒物。在发展中国家，因为尚未订立监管规则或未得到有效执行，这一比率可能会更高一些。预计这一比例还会继续飙升，因为一些发展中国家正在沿着他们的西方先行者走过的道路前进，倚重化石燃料正是这条道路的特色。

20世纪著名的《新英格兰医学杂志》(*New England Journal of Medicine*)上刊载了一系列重要文章，提出了一个有意思的观点。这个具有医学背景的作者团队提出充分理由来定义疾病的社会属性，阐述了在更深层次的社会和政治背景下，疾病是如何被定义、经受和减轻的。例如，在1912年，关于热带感染、梅毒和淋病的文章登载在该杂志的显要位置；也正是在这一年，美国的移民人数达到史上最高的水平。同一年，一篇社论狂热吹捧了优生学的力量，鼓吹用优生取代进化，努力消除不适合在这个世界上生存的人。最近，该杂志也一直在刊登描述和分析肥胖、吸烟、滥用药物、环境污染和气候变化对健康长寿的负面影响的文章。

面对上述所有对人类生命的威胁，参与研究的所有研究人员、医疗专家、执法者和政治领导人，对在地方、区域和国家层面解决这些问题提出了公共政策性方法。但说到应该集中精力解决哪种威胁和不利环境，则一直是由文化期望和政治需要决定的。与传染病所做的斗争，反对那些加诸最小的、最无辜的人的伤害，反对极个别人的暴力行为，取得了广泛的民众支持。和自身不良生活习惯以及环境退化所产生的伤害做斗争是更复杂的斗争，现在正面临着更大的障碍。

对健康和生命的第一个威胁来自生活方式习惯，这一点已成为中产阶级的共识。第二个威胁则来自环境恶化，对此仍有高度争议。一些有影响力的声音仍在质疑那些支持这一观点的证据的效力。我们是在一个社会建构的世界里获取和消费的，这个世界并非取之不尽，用之不竭，但我们却难以驻足思考，人类对自然世界的操纵最终会有什么样潜在的长期影响。

在西方民主社会，民选官员和政策制定者们，就像给他们投票选举的公民一样，满足于获得短期利益，只顾推进目前的增长和消费范式，而我们大多数人也承认这种增长和消费范式长期来看是难以为继的。对此进行从长计议可能要等下一代了。

A BRIEF HISTORY OF DEATH

第5章 无人知晓之邦

我们对死亡的再思考

诗人菲利普·拉金（Philip Larkin）因罹患食道癌在 1985 年离世，享年 63 岁。在最后一次试图延续生命的手术宣告失败后，他告诉一位朋友："我离死亡只有一步之遥了，虽然这个念头一直在我脑海里盘桓，可一旦死亡真的来到眼前，我心中还是充满了恐惧。"拉金对死亡的恐惧长久挥之不去，正如 21 世纪初期我们许多人对死亡的看法一样。1983 年，他评论说："人类最卓绝的才能是无视死亡。因为一旦认识到死亡这一宿命，只有一个比它更巨大的、迫在眉睫的灾难才能将这个念头从头脑中驱走，但也只能是暂时的罢了。"拉金离世时，最后向握着他的手的医院护士说："我要到人类宿命之地去了。"

菲利普·拉金不是一个有信仰的人，就像第二次世界战后几十年间越来越多的西欧人一样，他也接受了死亡的宿命。在 20 世纪末，对当代人来说，历史性的身 – 心问题已经失去了紧迫性。复杂的思想和情感似乎最好是被解释为身体要素的特殊方面，是大脑神经被激发后产生的复杂副产品。在他的诗《老傻瓜们》（*the Old Fools*）中，拉金表达了这种日益高涨的情绪：

在临终时刻，你变得破碎，
你身体的各个零件，
彼此正加速永远分离，
再也难见彼此。

尽管对死亡这件事有如此严峻的思考，但拉金还是重返卢克莱修的智慧，能够肯定生命的道德意义，认同人类的共同信念——这与世界上最伟大的宗教传统是一致的。大多数日子都充斥着对未来错误和不现实的希望，但如果停下来反思一下我们短暂生活的有限可能性，我们就会不由地对朋友和陌生人都一视同仁，都一样充满关爱和仁慈。由于我们对于更大的意义懵懂无知，所以现在我们必须相互依赖，避免陷入萨特所称的“自欺”，同时避免在未来的目标和关系上寻求虚假的安慰。

在死亡这一话题上，西方社会已经走入死胡同。很少有人会期待死亡的来临。我们中有越来越多的人得出了与菲利普·拉金一样的结论：死亡对我们来说无非就是身体的“分解”而已，分解后的碎屑会加速飘离，飘到无数的终点，成为一个宏大的、非人身的物质循环工程的一部分。

我们不愿意正视死亡，拒绝让它出现在熟悉的社会空间中，把死亡过程中需要处理的那些不够讨喜的细节性工作，都推给现代殡葬业中的那些正式机构及其训练有素的专业人员。随着越来越多的西方人开始不太信任永恒的前景和传统的宗教世界观，我们越发排斥死亡并且与之进行激烈缠斗，努力延长在现世中生存的时间。当我们的努力宣告失败之后（其实失败也是注定的），我们就会把死亡这人生的最后一幕，精心掩饰起来，把一个濒死之人安置在远离人们日常熟悉的景象和声音的地方，从已知和平常（我们的生活环境）中分离。将死亡从公众视野中剥离，将它的蛛丝马迹从社会和家庭中擦洗掉，尽可能减少我们与临终情况的接触，我们愈发对死亡充满了恐惧。大约在早于拉金400年前，莎士比亚就已经捕捉到了现代人对待死亡的主流态度的本质：

> 只要活在这世上，
> 无论衰老、病痛、穷困和监禁，
> 给人怎样厌烦和苦恼，
> 比起死的恐怖来，
> 也都像天堂一样幸福了。

我们大多数人都热情向往美好的生活，并努力想要长久地享有；但我们却讨厌谈论善终或公开表示自己对生命凋零的悲哀，始终拒绝承认死亡在任何意义上会有好的一面。相反，我们把死亡变成了一项严重的现代罪行，是必须努力逃避的，最好和自己没有分毫关系的一场失败。如果看到西方文化对这种海市蜃楼般的观点也倾情接受，斯多葛派哲学家马可·奥勒留恐怕将会失望。但后来发生的事情也会让他感到鼓舞：从 20 世纪 60 年代开始，人们的态度有了小小的回调，他们的目标是让濒死之人能自己掌控生命的最后一章，坦然接受自己在自然中的位置，让自己因为对世界所做的贡献而被铭记，因为对人生结局的宏大视野而受到尊重。

长寿及其缺憾

在我们与死亡的邂逅中，我们支持医学和临床技术的进步，并为之感到欢欣鼓舞，因为它能帮助我们紧紧抓住生命之手。没有人希望像托尔斯泰的长篇小说《安娜·卡列尼娜》（*Anna Karenina*）中的尼古拉一样惨死，遭受可怕的痛苦：

> 没有一种姿势让他不觉得痛苦，没有一分钟让他能摆脱这种感觉，身上没有一处地方不疼痛，不在折磨着他。甚至对这个身体的回忆、印象和思想都在他心里唤起嫌恶，就像他嫌恶自己一样。

今天，医生作为富有同情心的救死扶伤者，坚守着一个首先不伤害人的古老誓言；为此他们享受着当之无愧的社会地位。全世界每年都会在拯救生命和延长寿命方面的研究投入数十亿美元，而且大多数公民都认为这是一个国家资金有价值的投资去向，也是一个真正的民主政体的首要职责。筛查项目使得很多中期癌症得以进行早期检测和治疗；先进的心脏医学使我们能够躲开心脏病的威胁；强大的药物疗法能够帮助我们控制其他身体系统疾病。以消费者为导向的文化，被媒体塑造的形象大力撺掇着，也被社会以美丽为中心建构的理想形态牵引着，合力将年轻的外表变成了健康生活方式一个重要的组成部分。“年龄管理”机构为那些决意在八九十岁继续保持身体和认知技能健康的人提供锻炼、饮食和药物性强化手段。从非处方化妆品到开刀做整形手术，我们希望活得更长，看起来更年轻，不在乎成本多少，也不管实际条件是否允许。

问题就出在这里。事实根本难以撼动，成本高到没有先例。此外，这一难以捉摸的目标还产生了许多意想不到的后果。首先就是这个强有力的证据——或许对大多数人来说都毫不奇怪，长寿并非就能保证让人们过上一种受人尊敬的品质生活。罗马政治家、斯多葛学派哲学家塞涅卡深知这一点，但是历史智慧却很少被吸取或利用。我们都希望得以善终，快速、无痛，最好是在睡眠中逝去。但是越来越多的人发现，死亡之前人会变得身体衰弱、缠绵病榻，痛苦不堪。老年人容易罹患的阿尔茨海默病会导致人丧失认知，这使得人格这一哲学问题再次浮现。是否有一个核心自我、一个最根本的“我”存在，不会随着年龄的增长而改变？还有就是对这样一个快速增长的老龄群体开展护理的经济负担可谓“压力山大”，与治疗慢性疾病有关的费用支出也会呈螺旋式持续攀升。2000 年，欧盟和美国大约有 15% 的人口年龄在 65 岁以上。到 2050 年，这个数字预计将翻一番，老龄人口是保健服务的主要消费者。

从长远来看，我们当前支持的这种范围广大的临终关怀模式是完全无法持续的。在所有发达国家，第二次世界大战后的社会契约隐含的对濒死之人进行长期医疗照顾的义务，正以一种前所未有的速度把国家财政拖入紧急状态。最后，还有与不可避免的衰老和拖拖拉拉的死亡有关的、令人痛苦的社会和心理成本。身患慢性疾病的人，最困难的就是与朋友、家庭和社区失去联系，而亲属要照顾陷入严重依赖的亲人，其所面临的困难常常也是巨大的。在长期照护逐渐变得虚弱的人所带来的经济后果和维护个人尊严与自主权的人类承诺之间，社会正在奋力寻找平衡。

正如我们所看到的，在人类历史上的大多数时期，常规的死亡原因是传染病、某种形式的暴力活动，或者分娩及其相关的并发症。疾病是一个巨大的杀手，常常会在旦夕之间就让生命戛然而止。人生变幻无常，死亡倏忽而至，在毫无征兆之际，幸福的家庭和亲密关系就会破碎，而医生却站在一旁既不明所以也无能为力。即使到了 1880 年，西方社会还会有大约 20% 左右的儿童会在一岁之前夭折，还有 20% 活不过五岁。那一年，全球平均预期寿命约为 30 岁，而这一数字一直顽固地延续了几千年，而且似乎不太可能改变。即使在英国这样的新兴工业国家，在 1870 年之前人类平均预期寿命也不过 30 到 40 岁。只有不到 5% 的男性和女性能活到 70 岁，而那些有幸活过 70 岁的人，被 16 世纪的法国怀疑论者蒙田（Michel de Montaigne）称为“极端形式的死亡”。简单地说，在所有的前现代文明中，老年人从来没有在总人口中占过很高的比例。变老就是很稀罕的一件事。

然而，这也并非全无好处。正如我们所见到的，在前现代文明中，很少会有人单独离世，或者在陌生人之间去世。大家庭的成员们和亲朋好友都住在附近，可以提供帮助，即便逝者临终前曾长期缠绵病榻也无妨。对于工人阶级家庭来说，加入一个丧葬或者友爱协会，就可以获得来自一个更为广泛的社会圈子的支持。在缺医少药的年代，非正式的临终关怀主要是来自亲人的抚慰，是他们照护着病人的身体病痛和情感需求。最重要的是，因为大家普遍认为死后还有来世，同时神职人员会监督指导葬礼仪式，并且还会为逝者诵读那些长期以来与最终离世相关的神圣的宗教经文，这样的死亡事件就成了一个精神通道，被赋予了一种超验意义。死亡是宗教的彀中之物，死亡体验和直接后果被限定在精神语言的框架内，并由那些大概是最明白事理的人监督着进行。至于死亡所带来的经济负担，和当代社会相比反而是微不足道的，这主要是因为在医疗方面只有有限的选择，也因为长期慢性疾病导致的缠绵病榻是例外，而非常例。

医疗发展

在过去的一个世纪里，尤其是在第二次世界大战结束以后，随着人类在公共卫生和健康领域的进步，人们能获得更好的营养，以及现代医学在应对各种身体内部机能故障和外部病原体侵犯方面的胜利（特别是疫苗和抗生素的问世），人类正在以前所未有的速度朝着长寿迈进。就在不久之前，人们还认为手术主要就是切切割割，而现在连续修复和器官移植这样的手术模式已经屡见不鲜。在 X 射线计算机断层成像（CAT）、核磁共振成像（MRI）和激光显微手术方面的技术突破，大大提升了医生的诊断和治疗技术。现在很少有人在青年时夭折——1920 年婴儿死亡率降到了 5%，到 2000 年更是降低到了 1%——那些活下来的孩子，都有望有许多年时间沐浴在父母甚至祖父母的爱和养育中。

如今，我们把人在进入晚年前去世看作一种失败，经常会用“战斗”或“英勇斗争”来描述那些饱受致命基因或者癌症扩散折磨的患者。现在西方发达国家国民的平均寿命是 78 岁，平均每十年就会增加两岁。现在最常见的死因是老年退行性疾病，这通常会使人长期缠绵病榻，因为这些疾病会损害内脏器官，使人在穿衣、吃饭和洗澡等基本日常活动方面都需要依赖别人的照护。患者会逐渐失去认知和身体机能，如果独自生活的话，还会与社会脱节，心情郁闷。在生命的尽头，他们还不得不委屈地放弃个人的独立空间，寄身于某一个机构中，由善良的陌生人照顾生活。

统计数据能够确认，随着年龄增长，身体和认知能力都易于产生障碍，医疗技术、药理学和家庭保健等所有支持形式都非常昂贵，这是西方发达国家死亡和濒死体验的“新常态”。例如，2009 年，美国老年人联邦医疗保险计划为生命垂危的病人在最后一两个月的生命维持和治疗上，向医生和医院支付了高达 550 亿美元的费用，超出了美国国土安全部和美国教育部的费用之和。重症监护室（ICU）每天的治疗费用高达一万美元，而现在有 20% 以上的美国人都在重症监护室内度过他们在人世的最后几周或几天。

在医院之外的死亡越来越多地发生在公共和私人疗养院，今天这些机构通常被称为“技能性保健”或者是“辅助生活”机构。现在大约有 20% ~ 30% 的老人会选择在这种专门机构中度过自己人生中最后的几个月乃至最后几年。这种专门机构在第二次世界大战时期开始蓬勃发展，并且对其批评之声也开始甚嚣尘上，主要涉及虐待病人、员工水平低下、初级护理培训少、工资低以及完全剥夺员工选择和行动权的文化。现在，政府在规范和检查这些机构的安全风险以及保障患者权利方面做得不错，但在这些机构内的生活质量在很大程度上仍然取决于其所有者和资金保障。附属于教堂的养老机构和私人疗养院通常会为居民提供范围广泛的活动，并会根据病人的个人需求量身打造服务体验，而州立机构往往会提供一个更通用和经济的菜单式服务供病人选择。

我们现在的困境可能是现代医学无意中造成的最痛苦的结果，在古希腊神话中往往可见一斑。特洛伊国王的儿子、英俊的凡人提托诺斯（Tithonus）与黎明女神厄俄斯（Eos）相爱了。厄俄斯恳求宙斯赋予提托诺斯不朽的生命，但是却没有提出确切的要求。狡猾的宙斯答应了这一请求，但是却并未赋予提托诺斯永恒的青春。提托诺斯最终变得年老体衰，痴痴呆呆。他的喋喋不休使得厄俄斯不堪其扰，最终把他变成了一个无休止鸣叫的蚱蜢。在照顾上了年纪的人时，现代护理者通常表现出比厄俄斯更多的同情心和怜悯心，但当亲人的生命受到命运的侵扰时，他们也面临着身体、情感和经济上的挑战。对患者和照顾患者的人来说，老年退行性疾病都让他们苦不堪言。

自主权和尊严

当然，通过积极的介入性医学来减轻疼痛、医治病人和拯救生命，这是医生和现代医院的崇高使命。这就是上了年纪的病人在住院后期经常会出现在重症监护室里的原因，在那里，强力的救命措施是常规手段。现在在重症监护室里，医生能够把死亡过程分解开，不仅能支持一些关键器官的身体机能，还能用技术手段来代替一些器官的功能。机械呼吸机、心脏起搏器、插管（鼻饲管）、肾透析机、控制血压的药物和其他一些复杂的干预手段可以让身体存活；而在以前，某一个器官基本功能的丧失就意味着其他器官很快也会随之终结。其实，机械人工呼吸设备和心脏起搏器技术的发展，使得传统的判定死亡的心肺标准变得复杂，也使得医疗界不得不再去寻找新的判定基准。尸体解剖和医学专业对尸体的研究，使人的身体被进一步客观化和量化，各种器官取代以前的人，成了研究的对象。

得益于新知识和新技术的发展，我们现在能更好地控制死亡的时间，可以让家人和医生来决定何时应该“适可而止”。然而，尤其是在过去的半个世纪里，如何做这个决定在医学伦理界引发了巨大的争议。问题的核心在于，医生是否可以协助终结一个人的生命？人为延长病人的生命有时会不会干扰人道关怀和濒死者的尊严。简而言之，何时停止利用现代医学技巧和技术的力量来维持病人的生命才是恰当的？出于尊重病人的个人自主权，和希望避免肌肉萎缩、大小便失禁、瘫痪和智力衰退给病人带来的痛苦和屈辱，大多数国家的法律都认可病人可以通过拒绝治疗、拒绝进食和饮水来结束自己的生命。患者个人（或者拿到委托书的家庭成员）可以决定在面对威胁生命的状况时应该进行何种积极治疗，他们需要多少止痛药以及什么时候应该用药物让他们进入昏迷状态。它也让下列行为成为合法的和伦理上可以接受的行为：医生介入所谓“被动安乐死”，通过终止重要的生命支持系统来加速病人的死亡，通过提高姑息止痛剂的剂量来加速病人死亡，停止对患有肺炎的老年患者进行治疗。

在21世纪初的几年中，美国公众舆论调查表明，大约有70%的市民认为，如果罹患绝症的患者想要结束自己的生命，应该允许医生予以协助。但在西方，除了瑞士、荷兰和美国的俄勒冈州之外，执业医师在特定和严格监管条件下协助病人自杀仍然不被道德和法律认可。“主动安乐死”的支持者们声称，在故意不作为和委托行为之间没有道德上的区别。对于一个医生而言，当有手段可以减少病人所承受的痛苦却不作为时，同样也是不人道的（也违反了希波克拉底誓言）。用当代一位哲学家的话说就是：“如果不这样做的话，那么医生对病人还不如大多数养宠物的主人对他们的宠物仁慈，因为如果宠物治愈无望的话，其主人还会迅速结束它们的生命。”

美国俄勒冈州通过《尊严死亡法案》（*Death With Dignity Act*）是一个创举。它允许身患绝症、生命只剩下不到六个月的公民，可以通过有执照的医师开具的致命药物自愿了结自己的生命，从而结束疾病的折磨。1997年，此法案一经州议会通过，反对者就担心俄勒冈州将会成为身患绝症的美国人的自杀目的地。20世纪90年代的美国，围绕杰克·凯沃尔吉安医生（Dr. Jack Kevorkian）的话题，涌现了大量新闻报道。杰克·凯沃尔吉安医生在医师协助病人自杀这个问题上，是一个毫不妥协的执业医师，曾经协助多人自杀。俄勒冈州的做法也因此受到广泛关注。但截至2008年，俄勒冈州只有不到400个人在临终问题上使用了这种选择权，而他们基本都是各种恶性肿瘤患者。显然在这种情况下，拥有一项权利随后就会导致大规模实践这一概念是不成立的。但是仍然存在着观念上的激烈冲突。

反对医生协助自杀是出于强大的诊断学、哲学和宗教观点。一些医疗从业者指出，存在误诊的可能性、需要探索其他治疗方案以及如何判定病人请求是否合理等，这都是需要解决的问题。比如说，怎么消除这种可能性，即病人可能是出于亲戚或保险公司的微妙压力，在经济窘迫的情境下做出了这么个生死攸关的决定？就像哲学家执着于生命何时开始，这个持续不断的争论的焦点在于生命何时结束，以及在生命临终阶段应该怎样进行正当合法的治疗。

宗教界的反对观点继续集中在“生命的神圣性”这一论点上，坚持认为只有上帝才可以确定人类的死亡时刻，必须勇敢承受生命临终阶段的慢性疾病所带来的痛苦和折磨。安乐死背后的争论焦点在于，人类自己拥有这份权利、享有这份自由来决定何时以及如何面对死亡；这与主流基督教对上帝和人类之间关系的理解是相悖的。最后，世俗的批评者认为，放宽法律对辅助自杀的限制，容易把最弱势的群体——穷人、残疾人和老人置于风险之上。反对者认为，非自愿安乐死这样的滑坡性谬误（slippery slope）简直随处可见，再加上对纳粹蓄意大肆屠杀这一20世纪最残酷悲剧的记忆，反对者坚持要在杀戮和允许人们选择死亡之间划定一个清晰的界限。

预立医疗自主计划和姑息医学在20世纪末开始取得缓慢进展，但控制重症监护室中所实施的医学干预手段造成的预算赤字，仍然是推进临终关怀的主要考虑。在那些传统宗教影响力开始减弱的欧洲国家，世俗医学伦理的影响开始扩大。但是由于缺乏传统宗教的确定性，这些伦理学家被迫在文化偏好的流沙之上构筑了各自的立场，这是大多数文化当前都公认的准则。尽管他们试图从外围开始推进这些规范，但由于传统的包袱和根深蒂固的文化模式，还是使得临终病人在面对选择时，很难接受新的方法。

定义死亡

在 20 世纪的大部分时间里，医生对死亡的定义就是血液循环完全停止，以及随后呼吸和脉搏消失。这种以“心脏－肺”标准对死亡进行定义的方式很容易建立；检查心跳是确定生命终结最常见的方法。但在 20 世纪 60 年代，随着强有力的复苏手段，比如生物技术的发展和器官移植手术的兴起，问题开始变得复杂起来，这也导致了生物伦理学这门新的学术专业的出现，或者说生命科学领域道德研究的出现。生物技术的进步使得人们能在自然生物的运行能力之外，用机械设备来维持病人的呼吸和心脏功能。1967 年，南非外科医生克里斯蒂安·巴纳德博士（Dr Christiaan Barnard）施行了第一例人与人之间的心脏移植手术，这也开启了在人工生命支持手段之下，摘取患者器官来拯救其他生命的可能性。在患有冠状动脉疾病的病人中，只有一小部分人选择心脏移植，但是其有限的成功率却对以心肺标准来定义死亡的适当性提出了新的疑问。

在这种情形下，哈佛大学医学院的医生委员会研究出对死亡的另一种定义，即大脑全部功能的永久丧失。这个新说法是在 1968 年提出的，1981 年，美国总统委员会确认了这个神经系统上的死亡定义。作为宣告生命结束的恰当标准，“全脑死亡”已被法律认可，这使从事器官移植的医学能够继续推进这项事业，但也引发了新的哲学、伦理学和公共政策问题。许多批评家认为，即使意识这一传统人格的标志不复存在，但在技术条件具备的情况下，人为地维持生命还是一项道德义务。

还有一些人坚持所谓的高级大脑定义，即对死亡有争议的标志是意识丧失——这是对死亡的一种社会学和心理学定义，而不是一个严格的生物学定义。对这一定义的反对焦点集中在人格的不确定性和存在高度争议这一本质性问题上。例如，丧失理性能力的阿尔茨海默病患者可以算作死了吗？长期处于持续性植物人状态的病人有人格吗？在生活和仅仅是存活之间存在区别吗？如果答案是肯定的，那么谁有资格来为此划线呢？

自杀

由医生协助的死亡是一个相对较新的、有争议和令人不安的话题，而许多世纪以来，在许多文化中，自行结束生命历来都是最为人谴责和诟病的人类行为之一。世界卫生组织估计，每年会有超过 100 万人自杀，而在一些国家，自杀现已成为 15 岁到 45 岁之间的人死亡的前三大原因之一。自 20 世纪 60 年代末以来，整体自杀率上升了近 60%，年轻人的自杀事件现在已经取代老年人成为人们主要的关注焦点。

所有主流的宗教传统都谴责自杀行为，在许多现代社会科学家的著作中仍然传达出这样的批评态度。例如，最近一个有关自杀的社会学研究项目，自称是以一种公允的态度来研究自杀现象，但在他们推出的出版物护封背面出现的却赫然是“精神病理学、越轨社会学、变态心理学和暴力犯罪”这些课程的文字内容。这一观点认为，在所有情形下，那些心甘情愿自杀的人都是在生活中出现了某种问题。自杀曾一度被归为宗教意义上的罪恶和法律意义上的犯罪，现在常被视为患有精神疾病、情绪失衡或无法适应社会。

即使在那些自启蒙运动以来，个人自主权的概念和选择业已成为政治和文化话题焦点的西方发达国家，也很少承认或认为自杀是一种理性选择，应该为其进行合法辩护或认为其能够受到道德的许可。这和堕胎问题不一样。在今天，那种认为自杀是具备思考能力的个人依据正确的证据，在平静思考之后做出的决定，是在为自己负责，是基于自我选择的看法，很少能够得到严肃对待。

人类能反思自身存在的意义，但无论出于何种原因，大多数文化仍然认为失去生存意志，自愿选择结束生命，进而加速自然生命进程的人是有违天道的。我们今天有种把所有的自杀都等同于可治疗的疾病的冲动，其实历史地看待这个问题才更为可取。

历史观点

史前祖先对自杀持何种态度或者把这种态度贯彻到什么程度，我们一无所知，但我们必须假设我们最早的祖先会思考生命是否值得这一问题。在生存取决于有效协调的群体行为时，可以想象自愿死亡对更广泛的社会而言不是一件无足轻重的事。在古代社会存在着各种各样的自杀方法。印度教的传统认为，为了她们已故丈夫的荣誉，寡妇殉葬是一种恰当的行为。这一习俗在 1892 年才被法律取缔。佛教通常是反对自杀的，但在某些情况下却也认为这种行为是可以接受的。比如，在中国古代，如果将军因为战事失利而自裁，就会受到众人的钦佩。

在地中海地区对自杀行为也同样存在着多种多样的看法。比如，在埃及文化里，不会把自杀看作违反了现有道德或法律规范的行为，但在古希腊，这一行为却受到广泛谴责，因为这意味着一个人放弃了自己对国家所背负的责任，更重要的是，放弃了作为神的仆人这一身份。柏拉图基本上把自杀看作懦夫行径，但认为在特定情况下，比如个人遭受了极端不幸，或者受到了非常不公正的对待时，其自杀行为则是可以被宽恕的。亚里士多德也反对自愿死亡，在这个问题上言论较少；但是两个人谁都没有对自杀者的命运或者他们遇到的问题表示出特别的关心。相反。城邦的福利，以及个人在推进政体方面扮演的角色，才是首要问题。

另一方面，伊壁鸠鲁派和斯多葛学派的哲学家们则认为，如果让生命之花蓬勃开放的必要条件（特别是理性的能力和健康）已经不存在的话，自杀在道德上是可以允许的，也是一种个人自由——而不能考虑这种高度个人化的行为会对城邦的福利产生何种影响。塞涅卡在公元 65 年被迫自杀，他认为个人的善是考虑自杀问题时至关重要的因素。他坚称“仅仅是活着不是善，活得好才是善”；理性的人“活到他应该活到的岁数，而不是他能活到的岁数”。罗马上流社会普遍认为，自杀在某些情况下是一种有原则的行为，对自由人的自杀行为不存在任何法律或宗教限制。军事指挥官在战役行将失败时自杀谢罪将会被风光体面地下葬，而普通士兵在面对敌人的处决时，选择自杀或者死在自己战友的手中也不会给家人带来耻辱。自杀也被认为是一种终结疾病带来的难以忍受的痛苦的合理方式，并在某些情况下作为向逝去的主人或配偶表示忠诚的行为，会受到称赞。

虽然犹太教的宗教经典塔纳赫没有直接禁止自杀（第六诫命，最近有一位学者认为，这是指相关伤害，而非自我伤害），但犹太教的传统认为所有人类的生命都是神圣的，尽管在人生中的某个时刻会感到非常痛苦，但是却不能采取任何行为来擅自缩短它。这在《撒母耳记下卷》（*Samuel*）卅篇中有所提及，身受重伤的扫罗王（King Saul）命令一个年轻人杀死自己，因为“我正面临痛苦，而我的生命尚存”。然而在完成扫罗王的愿望，并忠实地把他的王冠送回给大卫王之后，这个年轻人却被处死了，原因是他“杀了耶和华的受膏者”，而这显然是在冒犯皇室威严方面开了一个坏的先例。罗马犹太教学者约瑟夫斯（Josephus）描述了公元 73 年马萨达堡的驻军在面对罗马侵略时集体自杀这一事件，他将其解释为一种慷慨就义，而不是情况危急之下的蓄意自杀。在公元 1 世纪和 2 世纪，犹太教内部的其他事例也同样被理解为是殉道行为，这是以一种更大的善来重新定义了自我毁灭，同时也影响了早期基督徒的态度。

在《新约》中，约翰引用耶稣的话，他说"为了这些羊，我将献出我的生命"以及"没有人把它从我这里拿走，我自己把它放下，让自己自由"，但是后来教会的教父就不再承认基督是自己自杀而死。在公元 1 世纪，一些基督徒认为自杀是反对异教歧视的英勇行为，而在公元 4 世纪帝国政策转向包容基督教的习俗之后，一个与加略人犹大（Judas Iscariot）背叛基督一事相关的、关于自杀更古老的故事开始流传，那就是根据圣马太的说法，犹大为自己的不忠行为感到羞愧，在绝望中上吊自杀。

教会对所谓自我谋杀的谴责，成为他们对理解人生的一种根深蒂固的观念，即生命是上帝赐予人类的一份珍贵礼物。正式禁止自杀始于 4 世纪。迦太基会议（Council of Carthage）谴责了这一做法，圣奥古斯丁在其所著的《上帝之城》（*The City of God*）中肯定地说："人决不能仅仅为了逃避暂时的痛苦，就随意自杀。"出于对生活的绝望而自杀尤其会受人诟病，因为它挑战了教会赦免罪孽的权利。在中世纪早期，教会的主教会议就这个问题进行了讨论，并开始对这样的行为设定死后处罚。官方对自杀的不认可通过公民法律和教会法规做了制度化规定，地方的习惯法又额外添加了一些特殊处罚。最常见的就是，自杀的人会被逐出教会，并不允许埋葬在教会的圣地中。偶尔尸体还会被施以绞刑，并遭受各种刑罚。

甚至当一个人明显处于弥留之际，正在忍受种种难以忍受的苦痛时，自杀也都不被允许。教会当局认为，疼痛苦楚是人类必须要隐忍的宿命，这是为将来的永恒生活所必须做的准备。在公元 13 世纪，托马斯·阿奎那认为自杀是一桩无法忏悔的罪孽；在 14 世纪，诗人但丁证实了这个观点的持久影响力：他将自杀的人归入第七层地狱，置于异教徒和杀人犯之下。这一点在欧洲历史上尤为突出，在尸身被丢弃之前要将逝者的身体在街道之中拖行，而且不允许其入土埋葬——这尤其加剧了对自杀者的羞辱。作为针对逝者家人的一个额外惩罚措施，罪人的财产和财富会被充公没收。

对教会在自杀问题上的官方立场发出的第一次严肃诘问，发生在文艺复兴早期，当时基督教文明的一些道德定论和文化价值观受到了挑战。人文主义者开始转向古典时代的作者对中世纪的基督教传统所做的那些广泛批评，并重新挖掘出历史上那些杀身成仁的事例，促成了对个人自主权限度的新一轮讨论。这些经典著作的印刷和翻译版本揭示了少数文化精英对自杀这一几个世纪以来一直为教会领袖谴责的现象所持的观点。乔叟（Chaucer）、卡斯蒂廖内（Castiglione）和其他著名作家在字里行间表达了对出于爱和高尚动机的自杀的同情之意。16 世纪早期，亨利八世时代的大法官、天主教人道主义者托马斯·莫尔（Thomas More）爵士在其虚构性作品《乌托邦》（*Utopia*）中，描写了岛上居民在面对一个无法治愈的疾病时，被允许了结自己的生命。1535 年，莫尔因拒绝接受他的君主与罗马教会决裂而被处决（或者说殉道），但随着 16 世纪晚期西欧新教和天主教之间的分歧加剧，双方反对自杀的官方立场更加强硬。

不管宗教发出的大部分声音如何强调其观点的绝对性，仍然有一些人不愿偃旗息鼓。莎士比亚的《哈姆雷特》充分概括了他自己及其后每一代人的根本困境：

生存还是毁灭？这是个问题。
在心中究竟哪样更高贵，
去忍受那狂暴的命运无情的摧残，
还是挺身去反抗那无边的烦恼，
把它扫一个干净。

莎士比亚在他的戏剧中描写了 52 例自杀思想和行为，探索了生命中充斥着的种种无知、不幸、失望、不公、精神的苦楚和肉体的痛苦。但是，作为一个人类状态的观察者（而不是一个卫道士），他的主要目的始终是质问伟大的确定性，而不是为那些结束自己生命的人做辩护。

在《哈姆雷特》出版十年之后，他在所写的《约翰·多恩》（*John Donne*）中表达了更深刻的观点，开始重构历史上基督教有关自杀的立场。多恩谨慎地避免探讨在哪些条件下自杀应被允许这个问题，而是质疑基督教几百年来的古老共识，即自杀是一种应该永远被诅咒的罪孽："我们认为自杀显然是最严重的罪行，但如果我们对那些支持这一看似明白无误的观点的论据加以审视，就会发现自杀可能不是一桩严重的罪过，或许根本就不是一种罪过。"理性法则有时可能会提示我们，自杀是一种合理的行为，而《圣经》中所表达的上帝的法则也从未明确谴责过自杀。在多恩看来，基督的死亡其实可以被解读为代表真正的罪人而主动赴死。认识到自己的想法存在争议，多恩的手稿只在他最亲密的朋友之间流传，并没有公开出版。这部名为《双重永生》（*Biathanatos*）的著作，在多恩去世之后的 1644 年才得以出版，当时正值内战期间，彼时自杀率正经历着轻微增长。

到了 18 世纪，对自杀的态度开始反映出人们对政治和宗教权威更广泛的批判。

随着要求结束君主专制政体、贵族特权和司法不公的呼声愈演愈烈，并达到了一个新的水平，新教和天主教当局对知识和文化的影响开始式微。普世权利、个人自主权、法律面前人人平等等诸多观念，以及绝大多数人物质条件的改善这类说辞直接与中世纪时人类所接受的忠告发生冲突，后者让人期待来世的永恒幸福，故而要忍受今生的艰难困苦。这是自前基督时代以来，第一次在谈话中、在小册子中和冗长的论文里公开讨论和辩论自杀这一话题。启蒙运动中的很多人物都反对自杀，认为这会妨碍人们从臣民变成公民，但是他们都坚决反对“自杀就是天定的不可饶恕的大罪，会受到永恒的处罚和折磨”的说法。

19 世纪，大多数新兴民主政府都重新回到柏拉图和亚里士多德等古代先哲所提出的立场：自杀冒犯了国家集体的善，威胁了社会秩序的完整性。医学科学的崛起将自杀行为进一步世俗化，但是在大多数情况下，专业医疗机构会将自杀行为与精神疾病联系起来。有时会对自杀者的大脑进行分析，以确定当事人是否患有某种形式的精神疾病。到了世纪末，雄心勃勃的社会科学（比如，心理学和社会学）的观点已经被大众广泛接受，个体的病态心理和社会因素的影响导致自杀行为成为研究对象。

1897 年，埃米尔·迪尔凯姆（Émile Durkheim）在其开创性的著作《自杀论：社会学研究》（*Suicide: A Study in Sociology*）中，运用了统计数据。他是首批在研究中运用统计数据的社会学家之一。他使用数据为自己的论断提供实证基础，声称自杀的原因在很大程度上可以归结为社会因素，特别是个人和社会系统之间的关系失衡。弗洛伊德在 1905 年也谈到了这个问题，将自杀行为归因为，对那些通常被社会压抑着的对他人自然好斗本能的重新定向。他后来更正了这一立场，声称每个人都存在一种死亡本能，它处于一种动态之中，并与生活和繁衍的动力持续对抗着。

20世纪，老年人自杀经常是由于各种各样与年龄有关的问题而引发的，包括恐惧丧失劳动能力、脑力变得迟钝、自理能力下降、患上致命疾病、长期配偶或伴侣的离世及其带来的孤独感、缺乏经济收入以及不想给子女增加负担等。这些情况导致人们形成了这样一个观点：在接近人生终点的时候，死亡似乎是一个受人欢迎的选择，而自杀也是为完美生活收尾的恰当行为。在当今美国，老年人占自杀人数的四分之一还多，这其中又有超过四分之三的人在去世前一个月去见过自己的主治医师，这意味着身体健康状况下降是自杀的一个关键原因。心理学家托马斯·乔伊纳（Thomas Joiner）认为，自杀身亡的人把自己离世看作对别人和自己的一种安慰。一旦感到自己是一个负担或者与他人疏远了，即使他们患有严重的精神疾病，决意结束自己生命的行为看起来似乎也是一种理性选择。

今天，自杀行为仍然会遭人诟病，认为它们与精神病理学或情绪异常有些关系。很少有人愿意赞同自杀是个人在一个充实而幸福的生命尽头所做的理性选择。我们准备把生命值得过的意义做一个思想实验，但很少有人愿意对他人经过深思熟虑做出的终结自己生命的决定赋予崇高的意义。萨特（Sartre）为自杀做了辩护，认为基于根本的自由和责任原则，人拥有自杀的自由，但主流文化并不认同这一观点。相反，我们觉得有必要在任何情况下都将自杀视为一种重大的公共卫生问题，并与之进行斗争，因为这反映出我们的社会运行存在问题，而且也违背了我们的社会契约。在专属于生命的这个空间中，个人的自主权和选择权必须服从于西方社会的集体形象。

现代社会的死亡业务

从生命结束的那一刻开始，直到最后降解沉积，尸体会受到什么样的对待，在不同的年代和不同的文化中，人们的做法都大不相同。但是几千年来，各个民族都会为此进行某种形式的准备并对遗体进行埋葬，从尊重死者出发，这被看作恰当的送终行动。这种埋葬不管是土葬（埋在土里）、封在石棺里、沉到海洋深处，还是火化之后用骨灰瓮安置，人类都是在用心地以某种仪式来安顿尸体。不管是对逝者还是对其所属的群体来说，这种仪式本身就具有很大的意义。正如我们所知，对古代人来说，不埋葬尸体是一个非常大的问题，逝者依然会对冒犯自己遗体的行为保持敏感，不管是故意还是出于怠慢，这都是直系亲属对其不敬的表现。没有人希望激怒逝者，不希望自己以后的生活质量被其打扰。在近代，后事日益商业化，人们作别死者的礼数更加周全，愤怒的亡灵这一概念已经被向逝者持续表达爱意和关心所取代。

在主要的宗教传统中，庄严的形式以及虔诚的准备和葬礼，反映出其对来生经历的具体理解。例如，印度教和佛教的火葬肯定了存在的个人本质和现实的同一性，逝者要么转世以另一种形式存在，要么最终与婆罗门同在，但都会回归于这种个人本质和现实的同一性。相信身体会复活，这一信念影响了后来的犹太人、基督教徒和穆斯林的信仰，规定必须对尸身进行土葬，以保持其完好无损。然而在早期，对堕落的人就不会这样保全。先知耶利米（Jeremiah）说，此生冒犯上帝的那些人，“必死得甚苦，无人哀哭，必不得葬埋；必在地上像粪土；必被刀剑和饥荒灭绝；他们的尸首必给空中的飞鸟和地上的野兽做食物。”公元4世纪初期，罗马官员为了打压基督教对殉道者的尊敬，下令必须将受害者的尸体挖出来丢入大海中，“以免有人把他们看作真神，去墓地祭拜他们”。

直到几个世纪以前，大多数欧洲人还是会在家里停灵，然后在教会当局的指导下埋在教堂的圣地中——富裕的教区居民可以享有特权，把安息之地选在圣殿的地板下面。穷人通常是埋在圣地外面，坟墓上也无任何标记，但仍然是在教堂建筑近旁。家族墓碑和让人印象深刻的标记在现代早期才出现，记录逝者的善行，希望社区居民会保持对逝者的记忆——至少能保持一两代人。在教堂已没有空地开辟新的墓地时，那些骨骼残骸就会被从旧的坟墓中起出，放入一个瓮中，以腾出空地接纳最近的逝者。随着工业时代的到来，城市郊区开始兴建新的私人墓园，城市和农村家庭可以购买个人墓地。在现有的尸身尘归尘、土归土之后，精心修整的私人墓园也不会被舍弃其美学意义而转做他用，这反映了人们对生者的健康状况越来越关注，同样也是对逝者永恒命运的承诺。

在 20 世纪之交，人们见证了生者和逝者之间实际关系的一个基本转变。正如我们所见，19 世纪晚期之前，死亡之神虽然不受欢迎但却常常造访，尤其会以固定的规律造访年轻人。一个人通常会在家中，在他所熟悉的社交世界里逝世，亲人会在其近旁为其祈祷，同时他们还会得到邻居和朋友的支持。如果说医生能起任何作用的话，那就是在家里为临终之人进行治疗。事实上也别无其他选择。举例来说，在 1873 年，整个美国只有不到 200 家医院，而其中还有四分之一是专门治疗精神疾病的。与之相比，到了 1923 年，美国拥有近 7000 所医院，在仅仅半个世纪的时间就有了大幅的增长。死亡率在 20 世纪之前非常高，但至少对大多数人来说，临终时刻以及身后事都是家庭生活经验的一部分。

1900 年之后，尸体逐渐退出私人生活的空间。随着死亡率尤其是婴儿死亡率的下降，以及死亡成为与年老相关的事件，处理尸体被重新定义为一个世俗的商业活动。受新的公共卫生法规影响，再加上在医院等机构中去世的人数显著上升，使得亲属和教会当局不能再对其加以控制。死亡事件不再被认为与一个金刚不坏的灵魂所经历的旅程存在着根本联系，而成了一件基于硬数据和科学调查的事情。教堂出生和死亡所做的记录被公共登记机构所取代，优先用于分类和统计分析。如果死亡原因不确定，那将由验尸官、病理学家和其他法医科学家进行解剖——所有的这些人都代表政府。一个人从俗世离开不仅只是自然代谢或者是因为与上帝的旨意等神秘原因有关，理性的、唯物主义的和医学解释才是义不容辞的。

行政体制开始向尸体处理过程提出合理化的要求，这项工作成了以效率和秩序为依归的殡葬业的专属领地。墓地的所有权从教会移交到了公共事务委员会和私营企业手中。至于是选择土葬还是火葬，全与这些机构和设施的常规化工作安排有关，而与哀悼者是否方便毫不相干。19 世纪的送葬者现在变成了自封的“丧葬承办人”，提供从为死者整容以供瞻仰、安排宗教仪式到最后处理尸体的全方位服务。

这些世俗的、以营利为目的专业人士负责从死亡到葬礼的所有流程，将直系亲属从围绕死者遗体展开的所有琐事中解脱出来，把亲人去世后的一切事务都商业化了；就像医学界已经开始把人在去世前的日子（几周或几个月）商业化了一样。甚至在主流基督教堂里举行的死亡仪式，也开始汰旧布新，不再过多地关注逝者永恒的命运（罪孽和死后的惩罚），而是更多地关注其现世成就、人品以及对生者所产生的影响。

新兴殡葬业的一项重大突破就是对尸体进行防腐处理。这种做法一度被广泛指责为损毁身体，但在美国内战期间却赢得了用户，因为阵亡的联邦士兵在送回北方安葬前需要对尸身进行防腐处理。亚伯拉罕·林肯总统的尸身在从美国首都运送到伊利诺伊州斯普林菲尔德市安葬之前，也进行了防腐处理，这也使其在文化上获得了更大的认同。做这项工作需要专业知识和培训。专业人士基于公共健康原因需要临时保存好尸体，不断兴起的中产阶级渴望延长已故亲人的仪容在自己面前的存续时间也需要保存好尸体，这两个方面的需求共同推动着这项事业的发展。在 20 世纪前 30 年中，专业的殡葬学校出现了，它们向学员提供解剖学和化学方面的专业课程，以及专业实践许可。殡葬专业人士甚至会适度地强调自己所提供专业服务的准宗教功能，让死者的亲朋好友有时间从容思考自己与遗体美容师的区别。

1963 年，英裔作者杰西卡·米特福德（Jessica Mitford，1917—1996 年）在其揭露殡葬业内幕的著作《美国式死亡》（*The American Way of Death*）中，痛斥了目前殡葬业的商业化行径，认为这是在客户人生中最脆弱的时刻对其进行自私的剥削。这本书非常畅销，以至于引起了联邦贸易委员会对这一行业的调查：殡葬业在 20 世纪末已经发展成了一个价值 200 亿美元的产业。美国一家主流电视媒体紧随米特福德的后尘，也推出了一部名为《伟大的美式葬礼》（*The Great American Funeral*）的纪录片；米高梅影业（MGM Studios）聘请米特福德担任电影《被爱的》（*The Loved*）的顾问，这是根据伊夫林·沃（Evelyn Waugh）于 1948 年出版的小说改编的，主角是一个卑劣的棺材推销员。在殡葬行业于第二次世界大战后过分膨胀的事实面前，米特福德的读者们幡然醒悟，转而追求一种更简单、更经济的方式。这本书在 1998 年更新再版，它的批判意味目前仍不过时：在当今的社会环境下，消费者面临多样化的选择，濒死之际，他们依然在寻求处理自己身后事的其他可选方案。其中一个可选方案就是火葬（下面会谈到），这在 20 世纪 60 年代的欧洲已经很普遍了，但是受制于文化规范和“专注于身体”的殡葬业的力量，这一做法在美国依然很罕见。

近年来处理死亡的方式

在整个中世纪，自我的角色及其重要性只能屈居于更广泛的基督教社区和上帝的要求之下。在家庭、教会、村庄或城镇的社会权威面前，个人的意愿无关紧要。

一直到了文艺复兴时期，个体的独特性才开始崭露头角，开启了个人价值和潜力的新篇章，每个人都被看作独一无二的，并且能够定义自己在世界上的位置。一种新近得到肯定的自我意识开始得到广泛认可，从作家和艺术家在文字和绘画作品上的署名，到有名有姓的墓碑和教会的任命，无不彰显了这一点。

宗教改革运动加剧了这一趋势的发展，虽然每个人的生命中最重要的任务仍然是要对自己与上帝的关系负责，但是已无须通过命定的神职人员作为中介。启蒙运动和 18 世纪晚期的民主革命，将个人自治的概念扩展到政治领域和社会机遇方面。西方文化上的这些长期趋势带来了一个重要结果，就是对生命的终结产生了更多个性化的方法（虽然这些方法时有争议），根本不太顾及传统的叙事、规则和习俗。

否认死亡

对那些不再相信传统的宗教叙事，也不隶属于任何宗教团体的人来说，如果仍相信在死后存在另一个世界的话，那他们还有多种选择。在 19 世纪中叶，一项名为“招魂术（Spiritualism）”的潮流在大西洋两岸的中产阶级中颇为盛行。尤其是在对达尔文的进化论产生争议以来，唯心论者为一个一直为基督教所关注的主要问题，提供了一个新鲜的也很可能是经验主义的替代方法。

这场潮流的基本理念是，逝者的灵魂会在另一个领域存在，这些唯心论者认为，人们可以在降神会（seance）上通过灵媒的力量和逝者取得联系。大多数杰出的灵媒一般都是女性，尽管对这一角色存在高度争议，但它毕竟是允许女性公开担任的少有的社会角色之一。到了 19 世纪 60 年代，唯心论者集会在美国和欧洲兴起，有数千人会定期参加降神会，渴望与已故的亲人取得哪怕片刻联系也好。20 世纪早期的很多名人，像《纽约论坛报》的编辑贺拉斯·格里利（Horace Greely）以及阿瑟·柯南·道尔爵士（Arthur Conan Doyle），都曾热情地欣然接受了这一精神性运动。后者说，招魂术“对于那些无宗教信仰的人来说，就是他们的宗教；而对那些已经拥有宗教信仰的人来说，也可以大大加强他们的信仰”。但是这一运动最终丧失了信众，因为有越来越多的证据表明，其主要领导者们有欺骗嫌疑。但“人死后生命仍然存在”这一主题，却对其后 20 世纪的超自然学说产生了相当大的影响。

“超心理学（parapsychology）”这个术语指的是对精神或超自然现象进行的实验研究，貌似由德国心理学家玛克斯·德索（Max Dessoir，1867—1947 年）在 19 世纪 80 年代创立。在社会心理学家威廉·麦克杜格尔（William McDougall，1871—1938 年）的推动下，这一学科在英语国家的学术界中开始流行起来。在剑桥大学一位非常受人尊敬的道德哲学家亨利·塞奇威克（Henry Sedgwick，1838—1900 年）的领导下，心灵研究学会于 1882 年在伦敦成立。纽约和巴黎也很快相继成立了类似的学会。心灵研究学会的许多早期领导人都是出自神职人员家庭，以及受过世俗教育的杰出知识分子。他们怀疑父辈的信仰，但认为身心二重性在一个有目的的宇宙中存在并运行着。

这一领域可以归入更广泛的超自然研究主题之下，或者归为当下的自然科学知识无法解释的现象，其主要焦点之一就是有关生存的假设。1927 年，麦克杜格尔和他年轻的同事 J. B. 莱茵（J. B. Rhine，1895—1980 年）以及莱茵的妻子路易莎合作，在美国北卡罗来纳州达勒姆市的杜克大学建立了一个以实验为基础的心灵现象研究中心。在美国，以 1937 年创刊的《超心理学月刊》（*Journal of Parapsychology*）为开端，致力于研究超自然现象研究的专业协会和同行评议期刊也得到了新的支持。1969 年，在将超心理学融入主流科学方面迈出了最大一步，美国超心理学协会被吸纳进了声望颇高的美国科学促进会（American Association for the Advancement of Science）。

尽管获此认可，学术界一般仍会认为，超心理学试图用科学研究的工具来证明一个非物质的灵魂存在，是不明智的行为。许多人认为超心理学家就是“新时代”的福音布道者，他们的思想在实验验证工作开始之前就已经固化了。20 世纪 70 年代，人们对超心理学的兴趣似乎达到顶峰。而在之后的几十年里，资金投入逐渐减少，因为研究机构发现它们越来越难以被传统学术部门的同侪所接受。不过一般民众对超自然现象的兴趣依旧很高。在美国，1991 年所做的一次盖洛普民意测验表明，即使在受过教育的人中间，相信鬼魂的存在、相信可以与逝者沟通以及相信来世可能存在的人，仍然为数众多。电视节目和故事片为了商业利益，深挖超自然现象方面的题材，巧妙地利用了公众对于这个科学验证无法企及的世界的兴趣。

或许有关生命尽头的宗教思想会改换门庭而被世俗的科学构思所取代的最不寻常的象征之一，会涉及一种被称为人体冷冻技术的边缘性运动。这最初是由美国数学和物理教师罗伯特·埃廷格（Robert Ettinger，1918—2011 年）提出的，随着埃廷格在 1962 年出版了《永生的前景》（*The Prospect of Immortality*）这本著作，这一运动获得了广泛关注。他的人体冷冻技术研究所首创了将最近死去的人类尸体以很低的温度保存的方法，期待未来的科学技术发展能实现人类复苏。

在密歇根州的人体冷冻技术研究所和亚利桑那州的另一个机构中，尸体被逐渐冷却到液氮的温度（零下 200℃）。血液被排空，代之以一种防冻剂，以防止形成破坏性冰晶和细胞爆炸。最后一步是将身体封装在巨大的、充满液氮的水槽中。今天只有几百具尸身处于冷冻悬置（cryonic suspension）中，而排队等候的人也不是太多。批评人士称这一运动只不过是一场伪科学与寡廉鲜耻的商业行为不道德的结合罢了。尽管埃廷格努力把人体冷冻的价格降到同购买一辆新车差不多，但大部分公众似乎都同意，这个特殊的永生项目从未成为一个具有增长性的行业。

从医院到临终关怀医院

自20世纪60年代以来，在西方有一群目前为数不多的特立独行者，但其人数正日益增长，他们决定不用别人来安排自己的后事。教堂的旧准则以及来自殡葬业的新的怂恿，都遭到其质疑和拒绝，因为他们认为这些做法是与个人自尊、理性决策和自由选择相悖的。死亡过程、死亡本身、如何安排葬礼或悼念、个人如何表达悲伤，这些都能以一种坦率和开放的方式来进行讨论。这里的每一项都可以单独成为学术研究的主题，围绕着这些主题诞生了成千上万的文章和著作，这些作者来自各行各业，背景各不相同，并且观点迥异。至于殡葬业者所宣扬的最合适的葬礼，医疗界和心理学界宣称的“适度”的悲恸，以及由文化传统所支持的正确的尸体处理方式，所有这些都受到质疑，认为这是在将死亡等级化、行政化和理性化，是西方社会强权的体现。其目的在于将如何死亡的权力返还给濒死者，由他们自己来探索，死亡作为人生最重要的事情之一，有可能也是最私人化的事情，其可能性的边界在哪里。安宁疗护运动（hospice movement）就代表着这一潮流的前沿。

医学一直致力于研究如何维持人类的生命，但是在这个以退行性疾病和死亡延迟为主要特征的新世界里，那些耄耋之年老人的生活质量问题开始凸显。现代医院的主要任务是治病，因此它帮助人们实现善终的能力是有限的。人在得病之后，相对原本完满的物质性自我，这具病体仅仅像是个影子，而且还被剥夺了享受周围熟悉环境的心理福利。死亡过程正像死亡本身一样，让越来越多的人产生了恐惧之心。这种情况不由地让人想起姑息医学还远未问世之前的历史时期。

正是为了应对这种错位现象，借鉴现有的房地产法律体系，在医疗方面衍生出了委托书和医疗照护事前指示（advance health care directives）或者是“生前遗嘱”这样的法律文件。这些新的法律记录在20世纪60年代首次出现，允许病人的医疗保健代理人给予医护人员指引，指明万一病人失去了做出理性决策的能力，应该怎么做。在这些文档中通常会包含“不抢救”要求，明确了在何种具体情况下病人会拒绝对其实施进一步的医疗干预措施。21 世纪初期，大部分医疗保健机构都被要求，要提醒患者在法律允许范围内做选择。在美国，领导层也表示支持“生前遗嘱”，奥巴马总统和他的妻子对外公布，他们已经起草了“生前遗嘱”，并且鼓励所有成年人都这样做。

在 20 世纪 60 年代，现代临终关怀服务的开创和发展是同等重要的事件。这项事业最早是由西塞莉·桑德斯（Cicely Saunders）博士在英国开创的，在 20 世纪 40 年代晚期，她首先对晚期重症病人给予临终关怀服务。1963 年，桑德斯博士在耶鲁大学向医学生、护士实习生和社会工作者就这一主题进行了推广培训，随后，这项运动在学术界获得了支持。到了 1967 年，桑德斯博士在伦敦郊区的一个住宅区内，成立了圣克里斯托弗临终关怀医院。七年以后，耶鲁大学护理学院前院长弗洛伦斯·瓦尔德（Florence Wald）在圣克里斯托弗学习和工作了一段时间后，在康涅狄格的布兰福德成立了美国首家临终关怀医院。这一运动的领军人物都是一些医学专家，他们对临终病人在医院所接受的医疗化照护感到失望，并且认为对病人进行社会和心理支持，与让他们用上能够延长生命的先进医疗技术同等重要，这些临终关怀的先行者给临终体验带来了新的希望。临终关怀的核心是决定让病人遵循自己内心的感受，不要将护理者的价值观和偏好强加给那些服务对象。在临终关怀理论中附加的关键因素是，强调缓解疼痛或姑息治疗的重要性，认同被动安乐死而反对主动安乐死。

1968 年，伊丽莎白·库伯勒－罗丝博士（Elisabeth Kubler-Ross）出版了她的畅销作品《论死亡与临终》（*On Death and Dying*），让临终关怀运动再次引人注目。在书中，罗丝提出了一个有争议的论点，她认为所有晚期重症病人都会经历五个不同的阶段，即否认、愤怒、心有不甘地争取、沮丧和接受，她还竭力说明，对病人而言，家庭护理在社会和心理方面能比医院护理提供更大的价值。她雄辩地指出病人参与临终决策过程的重要性（只要有可能），始终强调人生的最后一个篇章必须以病人的个人决策来收尾。

20 世纪 80 年代早期，美国临终关怀事业历史上另一个重要的里程碑出现了：国会通过立法法案，规定临终关怀中心有资格获得联邦资金支持，用于对临终病人进行护理。到了 20 世纪末，临终关怀的服务范围已经超过了入住式安慰中心，还包含了特别家庭护理和日间照顾服务，把疼痛控制、社会陪伴和情感支持服务带入家庭环境之中。在今天，有超过 90% 的临终关怀服务是在病人家中完成的。

部分得益于临终关怀运动，医患关系也在逐步演变。在 20 世纪上半叶，亲人和医务人员一般会向病人隐瞒晚期病症的预后情况，担心患者会因此失去生存意志，从而加速死亡进程。这种心照不宣的缄默对家庭成员来说尤其残酷，因为他们不能对亲人坦诚相告。最近，垂危的病人已经会被提早告知其预后情况，这样一来，他们就可以在剩下的时间里根据个人意愿来度过自己人生最后的时光。以前曾经是由神父或牧师来审视濒死之人的灵魂，鼓励他们在生命终结之际与上帝修好，以优雅的姿态作别。但近来在世俗化的西方，是由医生、心理学家或其他顾问，通过透明的沟通和支持来缓解临终之人心理上的负担。因此，临终决策是由那些对即将到来的死亡有充分认识的病人所做出的。

现代语境下的火葬

在 19 世纪晚期和 20 世纪早期，火葬这一古老而分布甚广的做法在西欧开始重获流行。由于墓地大量增多，人们对腐烂尸体带来的公共卫生问题有所担忧，尤其是位于新兴工业城市和有工厂的城镇的墓地更是如此，由此社会公众对于火葬的态度也有所转变。焚化炉技术的提高使得火葬在那些欢迎工业进步和支持利用技术改善生活各个方面的人中间大受欢迎。这里各个方面的生活既包括生活的终点也包括最后的扫尾。同时因为来世的非物质性，人们对遗体的重视程度也在减弱，尤其是当人们逐渐认识到传统的土葬和火葬都不过是遗体的分解而已，而后者的分解进程要快得多。

主流教派最初反对火葬，他们既是基于神学的立场（身体复活的重要性），也是担心教会如果放松对葬礼习俗的管控，那么其在社会上的宏大影响力也会随之减弱。在某些情况下，这些担心不无道理。在苏联，推行火葬或许是全面对抗东正教文化行动的一部分。

在20世纪上半叶发生的悲惨事件又加速了这一趋势。在两次世界大战期间，数百万士兵牺牲在离家乡数百甚至数千英里以外的地方。现代武器的摧毁性力量意味着在很多情况下，无法找到牺牲战士的遗骸。另外，还有少部分肢体残缺的战争受害者被埋葬在国外或海上，他们的亲人无从凭吊。许多情况下，在家乡也没有墓地可供阵亡士兵的配偶和孩子在适当的时候下葬。由于这些令人悲伤的情况，再加上民众对本质上体现了阶级差别的固有传统悼念方式日益厌恶，主张由个人选择处理方式的呼声和支持声越来越强。

一个重要的转折点发生在1963年，当时仍然有影响力的罗马天主教会不再反对火葬。几个世纪以来，这一葬法都被与惩罚罪人和异教徒的火刑联系起来。起初骨灰被埋在或安置在一个纪念地，这个要求推进了殡葬业的发展。但是从20世纪70年代开始，这个规定开始放宽，美国一些州的法律开始允许家庭成员取回骨灰由个人保管或者处理。在英国，火葬在20世纪60年代早期取代土葬成为主要埋葬方式，在 21 世纪初超过 70% 的人会选择火葬这一方式。在 20 世纪 60 年代的美国，只有不到 5% 的人选择火化，而到了该世纪末，这一数字已接近 25%。虽然仍是一种非主流方式，但到了 20 世纪 90 年代，甚至连全国著名的电视布道者比尔·格雷厄姆（Bill Graham）都极力主张，火葬“不会妨碍复活”。

从建制化宗教到自主信念

19 世纪的世俗论者曾做出非常尖锐的预判，断言随着科学知识的发展和教育的进步，有组织的宗教将会消亡，但这并未一语成谶。在美洲，建制化的宗教一直保持着其灵活的适应性，特别是在福音派和宗教激进主义社区内。天主教和新教教堂在欧洲仍随处可见，它们的教众在坚持维护传统观点，但同时也受到了来自四面八方的冲击。这些传统之一就是，公众和社会将逝者转移出生者的生活，但是教会仍然继续为悲伤的家庭成员、密友和更广泛的社区成员提供服务。

虽然逝者的离世过程脱离了家庭环境及其直系亲属，但在生命的最后阶段，神职人员会继续向其提供慰藉和精神支持；而宗教仪式和葬礼还会为家人和朋友提供一个重聚的机会。葬礼或追悼会展现出越来越多的世俗元素，会增加诗歌和故事作为补充，或者在某些情况下还可能取代宗教经文，但教职人员仍然会主持这一仪式。在一些社区，为逝者进行正式祈祷始终是每周宗教活动的一个重要组成部分。

尽管在 20 世纪的最后几十年，在欧洲参与教会活动的人数显著下降，但这些习俗仍享有广泛的支持。2004 年的一项盖洛普民意调查显示，即使在那些宗教机构威望相对较高的国家，定期去教堂的人数也在急剧下降。由于在新世纪的第一个十年中受到恋童癖丑闻的重创，即使是爱尔兰的大公教会也经历了信众人数减少和上教堂人次减少的问题。半个世纪以来，世界持续和平、教育水平进步、生活日渐富裕、出生率下降，民众整体普遍不愿接受建制化的宗教教条和习俗，这些因素都推动了宗教影响力下降的趋势。而尖锐的内部分歧，特别是关于女性在宗教生活中角色问题的争执，进一步削弱了新教–天主教谱系范围内宗教领袖的权力和知识地位。

但确实在这样一个领域达成了强大的共识，这牵涉流传已久的来世的地理位置问题。没有大张旗鼓的宣传，也没有引起公众过多的注意，但这对神学带来的冲击却是极大的——改良后的认同拆毁了基督教叙事的重要支柱。撒旦的住处燃着熊熊烈焰，被圣马太称为“熔炉”，人们在此“切齿哀哭”：这些都被从永恒居所的图景中悄然剥离了。21世纪初期，不仅恢复到希腊早期关于阴间的说法，或者是冷漠的犹太地狱观念，而且大多数主流教会已经取消了永恒的惩罚这一戏剧场面，并且限制了《旧约全书》中对喜怒无常、暴躁易怒的上帝的说法。

忠诚的信徒会收获回报，受压迫的人终会得到平等，坚忍的人会有希望：一位仁慈的神仍然在欢迎那些沿着正直的窄路前进的人们。但是坏人会遭到什么报应，却是谁也说不准的问题了。非物质的、不朽的灵魂在肉体死亡后仍在继续自己的旅程，但是只有善良的灵魂才是讨论的主题。用道格拉斯·戴维斯（Douglas Davies）的话说，天堂“更主要的是起疗愈作用的，而非神学作用”。随着地狱不复存在，或者至少从官方话语体系中消失，传统的基督教教义悄然发生转变：尘世的生活历程已经不再称得上是一个考验阶段，由一个基督教审判团在世界末日对全人类进行最后审判的说法现在已经不成立了。

在很多人眼中，基督教有关人生目的的权威观点已经变成了什么样子？历史上非常有影响力的、神秘的特拉普派修道士托马斯·默顿（Thomas Merton，1915—1968年）是最早观察到答案的人之一。默顿还排斥《旧约》和《新约》中将上帝拟人化的观点。默顿认为，这个上帝当受到忽视时很容易变得敏感、情绪激动，容易动怒并且耿耿于怀，反映了人性中最恶劣的因素。他在一个更加抽象的、哲学化的上帝概念中找到了慰藉，即将上帝看作一种存在，即使人类再怎么努力也无法认识其万一。1948 年底，在其自传《七重山》（*The Seven Story Mountain*）的结尾，默顿呼吁他的读者基于对上帝的有限认识，来接受一个高度个性化的生活方式以及死亡：

> 不论是在修道院里教书、居住还是照顾病人，不论有无宗教信仰，也不管是已婚还是单身，不论你是谁或你是什么，都会受到走向完美巅峰的召唤：你受召唤去过深刻的内心生活，甚至受到召唤做神秘的祈祷，将默顿的成果传授给他人。即使无法立言，也能以身作则。

对 21 世纪社会福音的关注，是大西洋两岸主流教派的共识性立场。关注此生生活条件的改善，崇拜一个温柔的神祇，对生命中的重大问题采取更多个性化的方式，相信身体死后人格的连续性，对迷途者何往保持斟酌后的缄默——这些都是当代社会信仰传统的一些特性元素。

表达悲痛的新方式

如果身边有亲人去世，我们该如何表达丧亲之痛呢？在过去两个世纪中，表达悲伤的方式已经发生了巨大变化，在西方社会的文化模式中表现为，绝大部分死亡的实际发生场所有了变化，婴儿死亡现象杜绝，以及在此过程中正式宗教所发挥的作用有所下降。在 19 世纪的大部分时间里，明显地、长时间地公开表达丧亲之痛是被广泛认可和接受的文化。确实，仪式化的悲伤被视作丧亲后的正常反应，更多的是一个“人类精神或灵魂的状况”，而不是一个肉体（身体）现象。新兴的中产阶级尤为如此，悲伤被理解为爱的同义词。公开的悲痛在小说和形状歌（shaped songs）

中被大肆渲染，出现在儿童教材中，以及被用来指导牧师顾问。受到仍起主导作用的基督教世界观的影响，临终祈祷和公众吊唁逝者遗体（多半在逝者并非儿童的情况下）要在家中进行。强调永生的前景是明确的，对地狱之火的恐惧也是如此。

正式表达悲伤的任务被分配给女性去做，她们负责安放、清洗遗体，为吊唁做准备。女性哀悼者将身着黑色衣服参加葬礼，并且在之后的几个月也要穿着黑色。同时，逝者亲属还需要暂时退出社交生活一段时期，对此，女性还是要起带头作用。在美国，许多中产阶级家庭的女孩会收到为玩偶做的哀悼包，这是儿童在游戏世界中对死亡仪式的一种模仿。这种对悲伤的程式化表达被视为人们对丧亲做出的正常反应。基督教对永生的渴望和个人对失去伴侣或亲人的沮丧结合起来，形成了一种均衡的方式，让人平稳度过这段困难时期。

随着科学自然主义的进步，人均寿命的提高和婴儿死亡率大幅下降，在整个西方工业社会，传统教义中有关地狱和永恒审判的观点开始逐渐退场，改变了公众传统的悲伤和回忆模式。第一次世界大战的恐怖使寡妇仍然身着黑色丧服，但随着战争造成的死亡人数上升，私人葬礼仪式开始变得简化。许多尸体已无处找寻了，民族国家开始转而为那些为国捐躯的爱国者建立公共纪念碑，设立专门的纪念日，将公众对悲伤的大规模表达与效忠、自治和公民的忠诚原则结合起来。

到了20世纪20年代早期，个人悲伤的表露已变得不合时宜，甚至有点不太礼貌，而那些情绪过分外露的人被视为不健康的，甚至可能存在心理失衡问题。大多数生命在临终时期与家庭的联结宣告中断，对逝者和家庭来说都是如此，而外人可以接触到的死亡的公共方面，则被压缩到一个正式场合中的某个短暂的时间段内，或者是从远处献上的悼文。接受现实和克制情绪成为新的习俗，葬礼仪式越来越多关注死者度过了多么好的一生，同时展望一个即将展开的新的永恒生命的前景。全国哀悼时期消失了，人们也不再频繁地前往最后的安息之地吊唁，还出现了由私人审慎地保护死者骨灰的现象。

随着死亡过程被移离家中的熟悉环境，公开表达悲痛和哀悼也不再流行，对遗体的处理更加注重隐私。西方文化对过于注重商业性的病态思想感到厌弃，想要逃离世事的纷扰。尼采将这与满载移民的船只启航前的最后时刻做了对比——在那里"人们要说的话比以往都要多，时间晚了，在所有这些噪音背后，大海及其凄凉的沉默在焦急等待——贪婪地等待它的猎物，志在必得"。但是对这一文化转型做更积极的解读也是可能的。这种更加谨慎的表达哀悼的方式反映了20世纪人们对待死亡态度的卓越转变，绝大多数人是在度过长长的一生以后安然离开的，人们不再拒绝死亡。虽然人们会为亲人离开而感到悲伤，但此时此刻比以往任何时候都更让人思绪万千，人们会感念在逝者几十年的生命时光里那些实现了的愿望和机遇，做过的贡献和体验过的欢乐。

死亡其实只有两种形式：其他人的和我们自己的。前者会引发我们一系列反应：在一个邪恶的人咽气时，我们会松口气，甚至会产生满足感；当一个善良而正直的人撒手人寰时，我们会感到悲伤；如果身边有亲人离世时，我们会情绪沮丧、满心悲戚。历史学家阿诺德·汤因比（Arnold Toynbee，1889—1975年）在1975年去世，时年86岁。他在离去世还有七年的时候就承认，虽然自己能接受死亡的命运，但发现死亡带给幸存者的痛苦让他们难以承受。"如果一个人真正爱着另一个人，他就会希望对方尽可能少地遭受死亡的痛苦，如果自己能尽可能多地为对方承受一些就好了。"

汤因比的话提醒我们，不管是医疗界还是亲人一方，对死亡事件做出回应的最佳方式在西方仍然还存有争议。这当然不仅仅是因为当突然面对一个永远改变了的世界和人际关系时，根本不可能有任何两个人会做出完全相同的回应。与逝者关系的性质，与之相处时间的长短，逝者的死亡是在预料之内还是猝然发生，以及文化因素，都在深刻影响着人们悲伤的过程。所有主要的生活转换，包括亲人离世，所引起的防御和应对机制都是因人而异的。一些人会通过限制社会交往而找到慰藉；而另一些人却会很快转向那些能够帮助他们适应新的现实的活动。一个人需要多长时间才能重新适应改变了的现实，或者完全恢复到之前的状态，不能按机械的人类行为论来分类。由于当代西方国家不鼓励公开表达沮丧和悲伤，甚至会将之与行为失常联系在一起，丧亲的反应被挤压到一个神秘领域中，隐藏到一个符合社会规定的主流行为的伪装之下。然而在20世纪末的批评者们看来，公众表达悲痛的旧形式虽然一成不变、程式化十足，但在某种程度上平复了因丧亲而产生的强烈的悲伤体验，让幸存者们能在交流中共担悲伤之情，互相给予理解和支持。

当然还有我们自己的死亡，也仍然让我们中的一些人在某时某刻为此而认真沉思时产生惶恐之情，因为它完全否定了我们所唯一知道的这个世界。对于勇敢的无宗教信仰的人来说，死亡根本就是虚张声势的无稽之谈，因为根本就没有“我”了，何谈我的体验，怕又从何而来？是死亡过程中身体和精神上的痛苦让人担忧，而不是死亡本身，因为死亡本身对这些感受没有影响。另一方面，信徒们则必须紧紧抓住一个世界观，必须使自己成为一个有序的和有意义的现实的一部分，这样才会为他们与尘世的偶然邂逅和关系赋予更深的目的。在这个惯于背信毁约，长期充斥着暴力的世界上，他们仍然渴望某种正义手段。尽管各种不同的宗教叙事在当代人心中变得淡漠，但仍会向人们提供这样的承诺——尽管是在死后的环境中。只要这些需求仍然是我们进化遗产的一部分，人们就不愿意相信肉体死亡就只是曲终人散，而不是后续世界的某种前奏。

A BRIEF HISTORY OF DEATH

结语 对生命旅程最恰当的解读

我们在开始与结束之间构建着意义

人类是独特的，因其拥有自我意识；他们认识到死亡是必然宿命，但是又希冀存在着超越死亡的可能性。对于大多数人来说，分配给自己体验和领悟生命的时间是短暂的。生命的每一个阶段都面临着死亡的威胁，它可能带走新生儿及其母亲、婴儿和他们的哥哥和姐姐、丈夫和妻子、牧师和君王。结局往往突如其来，祸福无常，大自然神秘莫测，令人费解。或许这就是苏格拉底会敦促他的听众们规划好自己的生活，准备应对不可避免的死亡的原因之一。他的建议，以及柏拉图关于无形灵魂的学说，成为中世纪和现代早期体制性基督教的关键知识基石。生命是一场审判，一次朝圣之旅，一个由神灵发起的评审活动：这是信徒的指南。在它的虚构性和有神论框架内形成了一个连续性的观点，将宇宙描述为一个必然的运动过程，必然朝向由上帝一劳永逸创立的那个目标发展。人类发现自己正处于一场波澜壮阔的宇宙戏剧的中心舞台之上，而这最后一幕的剧本在开演前其实早就已经写好了。

几个世纪以来，不论是善还是恶，基于想象中上帝所透露的经文，这部戏剧都向人类施加着巨大的影响力，影响着社会制度、文化偏好和政治优先，塑造了道德和法律体系。即使在今天，全球还有数十亿人相信在我们的死亡背后，存在着一个更高的、更令人满意的现实，并继续围绕这一原则来组织他们的生活。在丧亲之时，当人际纽带被死亡撞碎，是这个伟大的希望指引着他们行动，并提供了慰藉。

在这些信徒中，很多也乐见现代科学的发现，将科学事业视为古代宗教追求的补充。他们声称，两者都会引领我们进入一个支撑着我们可见世界的看不见的现实世界。它们有时会迫使我们认识到，我们的感官和直觉会让我们误入歧途。比如说，我们无法体会到地球围绕着地轴自转；我们也感觉不到我们的星球在围绕太阳转动。相反，我们看到了中世纪教会看到的，以及那些难以容忍伽利略的控告者看到的事情。当代神经科学也许取得了重要的进步，能够判别各种不同的心理活动所对应的大脑特定区域，但它还没有解释最基本的问题：动物大脑中的神经细胞所组成的复杂结构是如何产生意识的；复杂的思想是如何总结成神经学理论的？宗教敏感性引导我们对实现伟大的想象力飞跃产生持续性需求，而这种飞跃能把我们带到与非经验的、超然的真理世界相一致的境地。

在启蒙运动时代，有一种与众不同的观点流布不广，但在当代却拥趸甚众。它能寻根到古代被称为伊壁鸠鲁派或身心同亡论（mortalist）的观点。它在西欧的影响最为明显，在美国影响不深。但即使在美国，对传统权威的质疑和一种强烈的个人自治意识也已促使一些人重新评估他们对由来已久的宗教想象最早时期所做的承诺。简单地说，身心同亡论者提议接受哥白尼学说和达尔文理论，让人类走下神坛，承认不再是宇宙中心或处于造物的顶峰；相反，他们成为一个相互关联的整体中的次要部分，而这个整体对任何一个物种的活动或死亡都无动于衷。

鉴于这个严酷的现实，身心同亡论者请我们忽略死亡，把注意力集中在今生的关系和挑战方面。既然死亡就是变成“无”，我们就无须对死亡的来临感到恐惧，并且既然生活往往困难重重、令人不快，一个头脑正常的人又何必要希望延长生命？我们既不能通过在另一个两不相干的宇宙（存在主义的道路）中为自己创造意义而战胜死亡，也不应该认为在这么一条以集聚和消费为特征的，并不那么真实不虚的路上走上一趟，就可以天真地期待尘世中短暂的喜悦，能在生命的尽头给予我们安慰。

在某些方面，由于 20 世纪人类死亡率从根本上降低，身心同亡论的立场在当代西方变得更易为人所信。现在，大部分人都是活到很大年纪后才离世的。在过去的世纪中，平均寿命大约每十年就会增加两岁，如果在 21 世纪继续以此速度发展下去的话，老人将会在人口中占非常高的比例。我们保护儿童不去面对死亡，尽可能使他们减少与身患重病、生命垂危的祖父母的接触，不让他们出席葬礼和追悼会。多亏了公共卫生领域和医疗技术的飞速发展，人到中年的父母死亡的事很罕见，年轻的兄弟姐妹或朋友死亡的事就更少了。对孩子们来说，事实上对于大多数年轻人来说，死亡只是一个抽象名词，只能从互联网上的新闻和娱乐节目中道听途说。这是发生在别人、陌生人和名人身上的事情，以及发生在遥远地方的内战或自然灾害受害者身上的事情。

与此同时，大多数老年人都会为死亡做准备，井井有条地处理他们的事情，处置房产，并且做出如何处置自己遗体的指令。那些活到耄耋之年、垂垂老矣的人，在因衰老而进入养老院由机构负责照顾之前，甚至会经历一系列的社会性死亡事件。配偶、同龄人和邻居、一辈子的老朋友，甚至某些情况下自己子女的离世，都会让人产生一种孤独感，导致对以前的爱好失去兴趣，与之前的社会关系产生疏离。最终在生命的尾声阶段住进医院，准备离世。对越来越多的老人来说，这是一个缓慢行进的、在医学上精心安排的结局。他们明显远离了熟悉的环境，个人与外界的接触仅限于那些公式化的文化道具和社会脚本，那种自由自在、生动活泼的个性化沟通和交流消失了。去医院做检查、与医护人员和其他专业人员私下商讨，以及自主权的丧失，这些都成了西方社会中死亡体验的社会性标志。对那些濒临死亡的老年人来说，这些事件的整个过程，比起毁灭的前景来说，会显得更加繁重冗长、令人惊惧。

事实上，在过去的一个世纪里，对死亡的关注已经从来世体验转移到了几乎只关注死亡过程。正如我们所见，在人类历史上 99% 的时间里，突如其来的意外死亡、过早夭折和死于暴力都是生活常态，宗教权威人士提供了最重要的专业指导，并充当了临终事务顾问。在 20 世纪，当主题突然从来世转向生命终结，医疗从业者取代宗教人物获得了首要地位。心理学家成为悲伤的从业者，悲痛和哀伤的文化特异性起源比普遍性和本能更受到重视，有关情绪的社会规范，即所谓的“感觉规则”，更多以高度的隐私和简洁作为导向。经历死亡的过程成为焦虑和恐慌的主要来源。

我们对死亡的意识一直影响着我们的生活方式，并且影响着我们认为什么事是有意义的甚至是必须做的。这对于宗教信徒和不信教的人都适用。有时人们会认为身心同亡论者在本质上是一群非常绝望的人，大家赞同亚瑟·叔本华和伯特兰·罗素的预感，认为死亡会使所有人的努力都付诸流水。但是没有什么比这离真相更远了。对于大多数不信教的人来说，正是死亡为生命赋予了建设性意义、唯一性和丰富性。索马里裔作家阿雅安·希尔西·阿里（Ayaan Hirsi Ali，生于1969年）在其书中讲述了自己从幼年时作为宗教父权社会的一员到成年后成为无神论者的痛苦之旅。她断言，无论生活有多么麻烦，却还是有适度的褒奖。在这一点上，她说出了许多人的心声。采取构建和接受个人伦理的行动，完善个体道德规则，是人的基本任务，也是更高生命目标的组成部分。希尔西·阿里写道：“生活在这个地球上，拥有所有的神秘、美丽和痛苦，然后更加热烈地生活。我们跌倒，然后爬起来。我们感到悲伤，感到自信，感到孤独、快乐和爱。仅此而已，但我所希望的也仅此而已。”

不过，无论居于“从连续性到身心同亡论”这一光谱中的哪一个位置，要像阿雅安·希尔西·阿里一样生活在这平凡时刻的“永恒”之中，对我们许多人来说可能困难重重。即使我们能平静地接受生活的起起伏伏，即使我们对那些简单的快乐时刻心怀感激，我们往往还是无法满足。即使有现代心理学家和精神病学专家为我们垫后，训练我们有意忽略那些一直以来由神学和哲学对付的大问题，转而注重以机械机制来应对生活，也仍然不能满足我们的需要。看来，我们渴望某种更包罗万象的东西，期望它能为我们大包大揽地解决所有问题。

早在 1926 年，哥伦比亚大学杰出的英语教授卡尔·范·多伦（Carl Van Doren，1885—1950 年）就对这一历史性困惑提出了一个可能合理的分析："人类的生命是如此短暂，以至于他们的能力远不足以实现自己的规划。在生活意志被消耗殆尽之前，他们就已经命终了。很自然，他们想活下去，并且作为人类，也相信自己有活下去的机会。"

大约在 50 年之后，美国文化人类学家欧内斯特·贝克尔（Ernest Becker，1924—1974 年）写了后来斩获普利策奖的《死亡否认》（*The Denial of Death*）一书，阐述了人类面对必死这一宿命，对生命意义的追寻。贝克尔表示，每个人都在参与他所谓的"不朽项目"，这是能够超越我们时代的一项事业，并将我们同一个更大的价值观念的世界联结起来。对许多人来说，这个项目是围绕着对宗教体系的信奉而展开的；对其他人而言，这个项目却可能是一桩艺术或金融遗产，可以在社会的集体记忆中提升他的地位。如果发展到一个更令人不安的地步，这个不朽的项目就有可能将人扯入一个否认死亡的泥沼，他会追求多个世俗的目标，以便将注意力从死亡不可避免这一令人不安的事实上转移开来。

对贝克尔来说，最成问题的是出现了这样的情况：由于抗拒死亡成了人类的长期需求，从而导致在这个世界上充满了教条而武断的承诺，并且还有人企图将这一承诺强加在他人头上。宗教方面的不容忍就是其中最明显的例子，想象出的文化、国家和种族差异引发的暴力则紧随其后。在个人方面，将幸福简单等同于占有和消费当然是一大败笔，而且在推进这个星球长期以来的环境破坏方面也算是发挥了独特的作用。我们想从死亡命运上分散自己注意力的这种需求，似乎可能盖过我们个人或者整个社会对智慧的追求，这预示着整个生态系统可能会过早毁灭。如果没有一个更大的共同参照系，也就是宇宙感应能力或者历史学家凯伦·阿姆斯特朗（Karen

Armstrong）所称的“精神革命”，很多人觉得前景恐怕不容乐观。

如果贝克关于“不朽项目”具有潜在有害影响的论断是正确的，那么人们为重塑死亡意义而于晚近时期所做的努力，可能会是一剂受欢迎的解药。如果能在阿雅安·希尔西·阿里所描述的日常生活的悲伤和喜悦之上再看得远一些，我们就会发现，不论是从个人层面还是从群体福祉来说，就算我们的生命会结束这一事实本身，也会让我们觉得这一短暂的生命旅程更富有意义。例如，这样一来，许多老年人就能从逐年加重的各种急性的个人衰退中振作起来。他们能在生活中找到慰藉乃至快乐，觉得生命中充满了成就感和稳定的目标，能够从容平和地面对即将到来的辞世。他们是20世纪死亡率革命性降低的幸运受益者，生活得足够长，经历得足够多。过往的无数经验将他们带往了一个自己能够悦纳的终点线，一个只有些许遗憾但总体令人满意的人生终点。

本书前面提到过神学家约翰·鲍克，他在现代生物学发展的背景中看到了一丝前景。他写道，在这个因为进化规则的存在而不断变化的世界中，死亡对每一个物种的发展来说都是必要的。几个世纪以来，死亡被理解为神灵降下的诅咒或惩罚，是不属于人类本身的东西。死亡被视为某种易怒的外在力量强行加诸生命之上的，并非人生体验的自然的组成部分。但鲍克提醒我们，生命本身是由原子和分子组成的特定形式的有机体，这个复式配置（multiple configuration）吸收和消耗能量，这就决定了人类的死亡命运。基于这一点，死亡对于生命是必不可少的，是赋予生命终极价值必要的善。

正是因为存在开始和结束，我们的个人旅程变得非常重要。在这个宇宙书挡的两片立板之间，我们独自或者与我们的同伴一起构建着意义。没有它们，我们就会失去紧迫感，最后期限敦促我们在自己有能力的时候，以一种有意义的方式去生活。当我们死去后，就会给别人让出位置，让其他人也能按照自己的方式去追求神秘的生命之旅。我们希望准备得更为充分，也许甚至会为自己做出过的些微贡献而对自己心存一丝敬意。马可·奥勒留建议：“试试看如何才能像那些善良的人一样生活，他满足于从整体中得到的这一份，满足于他自己的公正行为和仁爱品格。”对那些足够幸运，已经在按照这种明智的建议生活的人来说，生命旅程的结束可能就是一个深受欢迎和当之无愧的解。

A Brief History of Death by W. M. Spellman was first published by Reaktion Books, London, UK, 2014

ISBN 9781780232652

图书在版编目（CIP）数据

无人返回之路：参悟生死 /（美）W. M. 斯佩尔曼（W. M. Spellman）著；李楠译 .
—北京：中国人民大学出版社，2019.3

书名原文：A Brief History of Death

ISBN 978-7-300-26435-6

Ⅰ. ①无…　Ⅱ. ① W…　② 李…　Ⅲ. ①死亡哲学—研究　Ⅳ. ① B086

中国版本图书馆 CIP 数据核字（2018）第 264764 号

无人返回之路：参悟生死

[美] W. M.斯佩尔曼　著

李　楠　译

苑东明　审译

Wuren Fanhui Zhi Lu：Canwu Shengsi

出版发行	中国人民大学出版社		
社　　址	北京中关村大街 31 号	**邮政编码**	100080
电　　话	010—62511242（总编室）		010—62511770（质管部）
	010—82501766（邮购部）		010—62514148（门市部）
	010—62515195（发行公司）		010—62515275（盗版举报）
网　　址	http：//www.crup.com.cn		
	http：//www.ttrnet.com（人大教研网）		
经　　销	新华书店		
印　　刷	天津中印联印务有限公司		
规　　格	170 mm×230 mm 16 开本	**版　　次**	2019 年 3 月第 1 版
印　　张	13.5　插页　1	**印　　次**	2019 年11月第 2 次印刷
字　　数	180 000	**定　　价**	59.00 元